CHEZ

LES LAPONS

MOEURS, COUTUMES ET LÉGENDES

DE LA

LAPONIE NORVÉGIENNE

PAR

RÉMY DE GOURMONT

OUVRAGE ORNÉ DE 31 GRAVURES

PARIS

LIBRAIRIE DE FIRMIN-DIDOT ET Cⁱᵉ

IMPRIMEURS DE L'INSTITUT, RUE JACOB, 56

1890

CHEZ

LES LAPONS

TYPOGRAPHIE FIRMIN-DIDOT. — MESNIL (EURE).

CHEZ LES LAPONS

CHAPITRE I.

LA LAPONIE ET COMMENT ON Y VA.

Les Lapons à Paris. — La Laponie. — Origine des Lapons. — Itinéraire d'un voyage en Laponie.

Il paraît que les exhibitions laponnes que vous vîmes, ces dernières années, au Jardin d'Acclimatation ont tourné la tête aux Lapons. La nouvelle, de pâturage en pâturage et de hutte en hutte, s'est propagée, qu'on menait à Paris une vie très agréable : logement confortable, nourriture abondante, bon accueil, et beaucoup de petits sous pour les menus plaisirs, sans compter le Cirque et l'Hippodrome, l'enchantement des rues et « le soleil électri-que » de minuit. Aux voyageurs qui s'aventu-rent parmi leur rude pays, plus d'un demande ingénuement : « Emmenez-moi à Paris. »

L'attraction de la Laponie sur un Parisien est moindre assurément que celle de Paris sur un Lapon; néanmoins, ces étranges contrées méritent d'être vues, soit sous la neige, soit sous le torride soleil de leur bref été. Car, la Laponie n'est pas vouée à l'alternance de six mois de jour et de six mois de nuit : c'est un climat pareil à celui de la Russie du nord, pas-sant de l'extrême froid à l'extrême chaleur.

Les Lapons occupent toute la partie septen-trionale de la Suède et de la Norvège : les peuplades de même origine qui habitent à l'ouest, sur le territoire russe, portent le nom de *Samoyèdes*. Le nom seul diffère, les mœurs sont pareilles, et l'origine est la même.

D'où viennent donc ces tribus? Est-ce par choix, est-ce par nécessité qu'elles ont adopté une région où la vie est si difficile?

L'histoire des migrations des peuples est

encore bien obscure; elle ne repose que sur des hypothèses, de plus en plus caduques, et aucune réponse précise n'est possible.

D'après certaines légendes, on aurait trace d'un peuple qui habitait la Laponie avant les Lapons, « peuple de géants gouverné par les femmes, » dit Tacite dans sa *Germanie*, mention qui se retrouve dans la grande épopée finnoise, le *Kalevala*, où l'on vous montre le pays de Pohjola gouverné par la reine Louhi.

A une époque fort reculée, la grande race finnoise émigra en Europe, venant des régions situées au delà de l'Oural. Elle se partagea en plusieurs branches, qui se fixèrent dans les contrées où on les retrouve encore aujourd'hui : les Hongrois, en Hongrie, les Finnois proprement dits ou *Suomi*, en Finlande, les Esthoniens, les Livoniens, etc., dans les cantons qui ont gardé leur nom.

Enfin, les Lapons vivent en Laponie.

C'est donc là que nous allons les suivre, mais sans prendre la même route : le bateau à vapeur, qui va de Christiania à Hammerfest et au cap Nord, fera bien mieux notre affaire.

Le voyage est relativement facile, dans la belle saison. « La navigation dans ces parages, » dit un voyageur, « est des plus agréables, car on est presque continuellement abrité par les îles, qui coupent le vent, et la traversée ne dépasse pas dix à onze jours. » Au lieu de partir de Christiania, on peut aller, en chemin de fer, de cette ville jusqu'à Trondhjem, cela abrège encore la route. Les côtes de Norvège, cette dentelle de roches, merveilleusement découpées, sont grandioses. Le cap Nord a une majesté indicible, les îles Loffoden vous gardent de sublimes spectacles. On peut voir en plus, au Tromsdal, près de Tromsöe, un campement de Lapons avec leurs rennes et se faire une idée suffisamment exacte de la nature et de la vie de ce peuple si original.

« L'époque à choisir pour ce voyage est celle des environs du solstice d'été, celle où le soleil de minuit est visible en entier au-dessus de l'horizon. Ce phénomène s'observe à Bodo, du 3 au 8 juillet, et au cap Nord, du 13 mai au 30 juillet. C'est donc vers la fin de juin ou le commencement de juillet qu'il convient de partir de Drondhjem.

« Pour les voyageurs consommés, pour ceux qui ne craignent pas un peu de fatigue, il faut faire plus et pénétrer jusqu'à Karasjok par la rivière Tana. » C'est une ville laponne, ou plutôt un point noir sur la carte, centre administratif, sans grand intérêt, mais le seul où il y ait une population sédentaire. Les Lapons de Karasjok ne sont visibles que durant l'hiver, où quelques nomades viennent s'y réfugier : aussi nous ne nous en occuperons que peu, préférant suivre les indigènes dans leurs bois, dans leurs montagnes, là où ils ont gardé leurs anciennes mœurs, qui font tout l'intérêt d'une visite en leur singulier pays. Cependant, continuons l'itinéraire qui nous est tracé par le touriste dont nous suivons le récit.

Pour aller jusqu'à Karasjok, il faut d'abord gagner Vadso, petit port de la mer du Nord, non loin de la frontière russe.

De là, on atteint Nyborg, puis Guglielma, où l'on trouve des bateaux lapons, qui remontent la Tana. De Karasjok, on regagne la côte norvégienne, vers Alten, en traversant le field, séjour des Lapons nomades, qui, ainsi que nous le verrons, vont perpétuellement de la montagne à la mer et de la mer à la montagne.

D'Alten, un petit vapeur vous mène à Hammerfest, d'où l'on reprend le bateau de Drondhjem.

Ce tracé est sommaire. Il ne comprend pas la Laponie suédoise, mais ce dernier voyage nous semble moins intéressant. Ce ne sont plus les grandioses paysages du Finmark, le pays a peu de caractère et la traversée de cette large bande de marécages est assez dangereuse, en ce sens que l'on manque de moyens de transport, et que l'on peut se trouver exposé à demeurer en route deux ou trois fois plus longtemps que l'on avait résolu de le faire. Il faut encore emporter des provisions, et cela prend les proportions d'une expédition véritable.

Ce ne sont que lacs monotones, non moins

monotones bois de sapins, mêlés de quelques bouleaux : les montagnes sont petites, toutes pareilles les unes aux autres, mais, en revanche, semées de dangereux précipices. Si l'on évite les montagnes, le trajet n'en devient pas plus facile : on marche, pour ainsi dire, sur une vaste éponge ; le dixième du territoire total de la Suède est en lacs, et cette proportion est bien dépassée pour la Laponie suédoise. Il est loin d'en être de même pour la Norvège, où les lacs n'occupent qu'un peu plus de 2 pour 100 du territoire.

Enfin, nouvelle raison donnée par un voyageur, en Suède, les villes seules sont intéressantes, tandis qu'en Norvège, c'est la nature qu'il faut regarder. Bornons-nous donc à la Laponie norvégienne : d'ailleurs, nous regarderons plus encore que la nature, les hommes, car c'est ce qui change le plus, c'est là qu'est le véritable intérêt d'un voyage un peu lointain.

Revenons, après ces rapides notes itinéraires, aux Lapons du field et des environs de Karasjok.

CHAPITRE II.

LES LAPONS CHEZ EUX.

Caractère général. — En quoi ils diffèrent des Finlandais. — Odeur spéciale. — Leur goût pour les épices; leur agilité. — Les *raquettes* laponnes. — Travaux des femmes. — Un peu d'histoire. — Évangélisation de la Laponie. — L'été et l'hiver. — Le *Soleil de minuit*. — Le climat et les saisons. — La faune et la flore.

Les Lapons sont des Finnois, des frères des Hongrois, auxquels un meilleur climat a permis de suivre la civilisation européenne et de jouer un rôle assez important dans le monde. Ils traversèrent la Russie, descendirent en Finlande, de là, par les fleuves gagnèrent les contrées hyperboréennes, où nous les retrouvons depuis l'origine de l'histoire. Leur langue est bien une langue finnoise.

Il faut, cependant, remarquer que leur apparence physique les distingue sensiblement de leurs voisins du sud, les Finlandais. Ils sont petits, gras, quoique leur tendance à l'embonpoint diminue avec la croissance, de peau basanée, tirant sur le noirâtre, avec une bouche large, des joues creuses, un menton long et presque pointu, de petits yeux assez mauvais, gâtés par la fumée et aussi par la réverbération de la neige. Quand un chasseur lapon revient d'une longue expédition, il demeure souvent, pendant deux ou trois jours, réellement privé de la vue.

Bien des croyances bizarres circulaient jadis sur les Lapons. Quelques-uns affirmaient qu'ils étaient velus comme les animaux; d'autres, d'après l'historien Hérodote, qui les nomme Hyperboréens, qu'ils n'avaient qu'un œil, comme les Cyclopes. Cette dernière fable est difficile à justifier, mais on comprend qu'un Lapon, serré dans son étui de fourrures, ait pu prendre, aux yeux d'un observateur superficiel et crédule, l'apparence d'un bipède aux longs poils.

Quant à l'odeur désagréable qu'ils exhalent,

Fig. 1. — Ils se servent de chaussures à grandes semelles de bois.

la cause en est à leur genre de vie, à l'étroitesse de leurs huttes, à la fumée dans laquelle ils jambonnent pendant huit mois de l'année, à l'usage de ne jamais changer de vêtements, à leur nourriture exclusivement composée d'huiles et de graisses.

Pour résister à un climat si rigoureux, à une existence si enfermée et si malsaine, il faut qu'ils soient robustes, et malgré leur taille exiguë, ils sont, en effet, très résistants, aussi sujets que d'autres aux maladies, mais des plus faciles à guérir. Leur principal remède consiste à manger des quantités de poivre, de gingembre, de cannelle, de muscade; aucun présent n'est mieux apprécié que toutes ces sortes d'épices.

Ils sont encore très souples et très agiles. On les voit s'entasser, cinq ou six, dans un espace où il semblerait que deux ou trois hommes seraient déjà fort gênés. Pour courir sur la neige durcie, ce qu'ils font avec une inconcevable rapidité, ils se servent de chaussures à grandes semelles de bois, analogues aux raquettes usitées au Canada. Ils vont si vite, en cet équipage, que le vent siffle à leurs oreilles et que leurs cheveux s'épandent entraînés derrière leurs têtes ; néanmoins, ils gardent bien leur équilibre et même, de ce train, peuvent, sans aucunement s'arrêter, relever prestement leur bonnet si, par hasard, il tombe sur la neige. « Quand ils voyagent sur leurs rennes, » rapporte un voyageur, « la célérité de leur course ne peut se concevoir si l'on n'en a été témoin ; ils gagnent du champ avec une telle

Fig. 2. — Couteau lapon dans sa gaine.

promptitude, qu'à peine si l'on peut les apercevoir quand ils passent près de vous. Dès leur plus jeune âge, les enfants sont dressés à tous ces exercices : aussi y deviennent-ils extrêmement adroits. »

Leur grande adresse se retrouve dans des travaux tout à fait sédentaires. Sans autre outil qu'un simple petit couteau, ils réussissent des sculptures assez délicates sur des os de renne, sur du bois ; construisent avec une rare précision leurs traîneaux, leurs canots, tous leurs ustensiles usuels.

Les femmes font elles-mêmes la plupart de leurs bijoux avec des fils de cuivre et savent s'en parer avec une certaine coquetterie.

C'est à elles, d'ailleurs, que sont réservés tous les travaux qui peuvent s'appeler industrie. Elles préparent les peaux de renards, de faons et des autres animaux qui fournissent les fourrures propres au commerce. Leur habileté est remarquable : ainsi, pour dégager les tendons des jambes du renne, elles les tiennent à une certaine distance du feu et ensuite les battent avec des maillets ; puis, elles les divisent en filaments aussi fins que des cheveux, qu'elles tordent ensuite en fils de différentes grosseurs. Ces fils servent aux différents travaux de couture. Ce sont elles encore qui ornent les harnais des traîneaux avec un fil d'étain, qu'elles tirent au moyen d'une machine faite avec le crâne d'un renne, crâne percé de trous, de différents diamètres selon l'épaisseur du fil dont elles ont besoin. N'est-ce point là un laminoir qui, pour être primitif, n'en est pas moins des plus ingénieux? En somme, il ne diffère que par la matière des machines en usage dans nos usines, et le principe en est tout pareil.

Avec ce fil, elles brodent, avec goût et élégance, non seulement les harnais de leurs

Fig. 3. — Manches de couteaux sculptés en os de renne.

rennes, mais leurs propres vêtements et les gants de chasse de leurs maris, comme nous le verrons, avec plus de détails, en parlant de leurs costumes. Elles savent teindre, d'une couleur jaune assez agréable, du drap, qu'elles emploient ensuite en applications sur différents objets. Leurs couvertures et leurs tentes sont tissées par elles en bandes étroites, qu'ensuite elles assemblent en nombre suffisant et selon la forme nécessaire. En général, les Lapons ne couvrent leurs tentes qu'avec des couvertures qui leur ont servi pour leurs lits. Quand elles ne sont plus assez souples pour le premier usage, ils les utilisent comme toiture.

Depuis que des communications régulières par bateaux à vapeur ont été établies entre le sud de la Norvège et les régions du cap Nord, beaucoup de produits européens ont pénétré en Laponie. Le pittoresque de l'industrie locale y a certainement perdu.

De plus, il y a quelques routes de commerce, les communications même par terre sont rendues plus faciles; la Laponie est devenue accessible même aux simples touristes un peu courageux, et on trouve aujourd'hui, sous les huttes des bords de l'océan Glacial, les produits de Paris ou de Manchester; de même que, si ce n'est déjà fait, les produits de l'industrie laponne se rencontreront bientôt, à Paris, parmi les curiosités exotiques à bon marché qui y affluent de tous les points du globe.

Toutefois, cette pénétration par l'Europe de

Fig. 4. — La Laponie est annuellement visitée par des oiseaux.

ce pauvre pays est assez lente. Il n'a été découvert que d'hier en quelque sorte. Les Lapons, jusqu'au milieu du dix-septième siècle, étaient à peine soupçonnés. Ce n'est qu'en 1619 que l'on commença à les évangéliser. Frédéric IV, roi de Danemarck et de Norvège, leur envoya quelques missionnaires, et ce fut seulement à la fin du siècle dernier que le Nouveau Testament fut traduit en leur langue. Nous verrons, plus loin, qu'en acceptant le christianisme, ils n'ont abandonné qu'à moitié leur religion primitive, dont ils gardent précieusement les moindres superstitions.

Entre l'océan Glacial, le golfe de Bothnie et la mer du Nord, le long de la Tana, c'est-à-dire au centre même de la Laponie, l'été, très chaud et assez désagréable à cause des moustiques desquels il est difficile de se préserver, est fort court. Il n'y a qu'un mois, à peine, sans glaces ou sans gelées, du 25 juin au 15 juillet; mais la période chaude commence dès le 1er juin et se prolonge jusque vers la fin de septembre.

Selon la région, vers la mi-novembre, le soleil commence à raser de très près l'horizon, puis il disparaît, et c'est durant deux mois, la nuit perpétuelle. A ce moment, le soleil se relève, les jours peu à peu s'allongent, et aux environs du solstice d'été, il y a la compensation de deux mois de jour, sans nuit. On sait qu'au pôle, le jour et la nuit se partagent équitablement l'année, six mois par six mois.

En mai, tombent les premières pluies qui annoncent le dégel; vers le 1er juin, la Tana voit disparaître ses glaçons; un mois plus tard, tous les lacs sont dégelés.

A la mi-octobre, l'hiver a recommencé, les rivières se prennent, puis les lacs, et au commencement de novembre, la campagne est entièrement couverte de neige : ce sont les rudes débuts du terrible hiver de huit mois.

La Laponie est annuellement visitée par des oiseaux qui nous sont familiers. Des hirondelles y prennent leurs quartiers d'été. Elles n'y arrivent pas beaucoup plus tard que chez

Fig. 5. — Crête de coq.

nous : vers le 10 juin; à moins d'exceptionnels

sévices, aucune ne manque à l'appel; les hirondelles de mer se présentent un peu plus tôt. Quant à la bécasse, elle fait son apparition à la fin de mai; le coucou, vers la même époque, se fait entendre parmi les bouleaux maigres et nains. Le pinson est un peu plus précoce; encore plus hardie, la corneille. Le cygne se hasarde dès le mois d'avril, aux premières pluies, et il n'est précédé que par deux migrateurs inconnus dans nos climats, le faucon chrysaëtos (ce qui veut dire, il me semble : pareil à un *aigle doré*) et le grand bruant des neiges, l'énigmatique oiseau, plus mystérieux qu'un sphinx.

Il y a des fleurs en Laponie, comme en de plus doux climats; mais si les chaleurs y sont courtes, elles sont extrêmes, et rien d'étonnant à voir ce pays doué d'un assez beau calendrier de Flore. En juin, la drave, les ronces et les soucis s'ouvrent au soleil; en juillet, la violette, l'astragale, le bouton d'or, le myosotis, le saxifrage, le géranium, le trèfle d'eau; en août, le sorbier, la crête de coq, l'euphraise, le pissenlit; la bruyère attend la mi-septembre, comme chez nous. Bientôt tout est fané, le bouleau même perd ses feuilles : toute végétation a disparu.

CHAPITRE III.

LE COSTUME LAPON.

Fables anciennes. — Costume actuel. — Le bonnet et la cagoule.
— Chemises en peau de mouton. — Fourrures. — Les gants et le
pantalon. — Habillement des femmes : le bonnet seul diffère. —
Ornements et bijoux. — Anecdote.

On a écrit bien des fables sur la manière dont
s'habillent les Lapons. Les uns les représentent
comme des princes de féerie, portant des habits
tout couverts d'or et d'argent; les autres, comme
des fantaisistes, dont les femmes s'enveloppent
en des voiles tissus de nerfs et de boyaux d'a-
nimaux sauvages, vêtement peu confortable
et assez mal imaginé pour préserver du froid.
On affirmait encore jadis qu'ils se vêtaient des
peaux d'ours blanc, de sorte qu'il était difficile
de les distinguer d'avec ces animaux polaires.

Mais les Lapons sont des gens simples, qui ne cherchent pas à étonner les étrangers, ni les ours par des imitations ingénieuses.

Leur costume ne laisse pas d'être fort pittoresque. C'est d'abord un bonnet conique, qui rappelle assez la forme d'un pain de sucre. Il est fait d'un gros drap rouge, taillé en flammes qui se rejoignent au sommet; des bandes jaunes plus étroites séparent les bandes rouges. Ajoutez à cela que la pointe s'orne d'une houppe multicolore, et vous aurez une originale coiffure plutôt faite, semble-t-il, pour la tête légère de la Folie que pour la lourde caboche du Lapon. Un parement de fourrure vient tempérer ce bonnet fantaisiste : quelquefois, surtout chez les Samoyèdes, ce parement est d'hermine, ce qui passe, même en ce pays, pour un grand luxe.

Ces bonnets ne sont pas des bonnets d'uniforme. Certaines familles de Lapons n'en portent aucun, restent toujours nu-tête; d'autres se contentent d'une simple calotte, assez semblable à celle de nos ecclésiastiques. D'au-

tres emploient à la confection de leurs bonnets
les matières premières les plus inattendues.
C'est ainsi qu'un missionnaire, M. Leems, vit

Fig. 6. — Type de femme.

un pauvre Lapon coiffé d'une peau de saumon;
elle avait blanchi à l'air, mais on voyait encore
parfaitement les écailles.

Ils ont encore une sorte de capuchon qu'ils

appellent *rivok* et dont ils se servent quand ils chassent ou qu'ils mènent leurs rennes au pâturage. Ce capuchon n'a qu'une petite ouverture pour la vue, comme une cagoule de moine espagnol; il est fermé par devant, et descend jusque sur la poitrine et sur les épaules, laissant la nuque à découvert.

Ils ont, en effet, la singulière habitude de marcher le cou presque nu, quelle que soit la rigueur de la température, ou à peine protégé par une étroite cravate de drap.

La tunique qu'ils portent est faite d'une peau de mouton avec sa laine, le poil tourné en dedans et appliqué directement sur la peau, car il est à peine nécessaire de dire qu'ils ignorent l'usage du linge, qui, d'ailleurs, s'accommoderait mal avec le climat. Cette tunique est largement brodée, sur toutes les coutures, de fils de toutes les couleurs, agrémentée de petits ornements en étain, bordée de fourrures.

Par-dessus cette tunique, qui en réalité est une chaude et épaisse chemise, ils ont un vêtement de drap ou de peau de renne, également orné de broderies et de fourrures.

Comme il n'y a aucune poche à leurs vêtements, ils les remplacent par un petit sac, qui tombe sur leurs poitrines, et dans lequel ils mettent l'indispensable briquet qui ne les quitte jamais quand ils vont en expédition.

Comme le froid est extrême, surtout quand le vent souffle (les rivières gèlent jusqu'à 2 mètres d'épaisseur), ces deux pièces d'habillement ne leur suffisent encore pas. Ils s'enveloppent, par surcroît, dans un grand manteau de fourrures, ceint à la taille et au cou par des courroies de cuir de renne. Les Lapons des montagnes ajoutent à cette triple défense une peau de renard, qu'ils s'appliquent sur le cou, en ayant bien soin que la queue pende entre les deux épaules. Les marchands suédois qui s'aventurent en ces parages ne s'habillent guère différemment, mais il paraît qu'à la peau de renard ils préfèrent une peau de martre, dont ils ont remplacé les yeux par des pièces de monnaie.

Les gants des Lapons sont, soit en cuir tanné et intérieurement fourrés de laiche, plante cotonneuse, très mauvaise conductrice de la chaleur et par conséquent très chaude, soit en peau de faon de renne ou de renard noir, fourrure en dehors. Ces gants montent jusqu'à la moitié du bras et sont généralement cerclés de bracelets de cuivre, qui ont, disent-ils, la propriété, sans doute magique, de les préserver de certaines douleurs.

Pour la partie inférieure du corps, l'habillement est le même chez les deux sexes. C'est un pantalon collant fait de drap ou de cuir; quelquefois, ils en portent deux, l'un sur l'autre; alors, pour les maintenir adhérents, ils s'enroulent des bandes de cuir autour des jambes, ce qui n'est pas sans produire l'effet fort singulier de deux grosses andouilles soigneusement ficelées; mais, pour le Lapon, il n'est qu'une devise : le bien-être avant tout.

Les souliers de peau, des ceintures garnies d'étain, complètent le costume.

L'habillement des femmes est peu différent :

bonnet de laine, orné de cet éternel drap jaune qu'elles affectionnent sans doute parce que c'est la seule couleur qu'elles savent obtenir par la teinture, revêtu, le long des coutures, de lames d'étain, pavoisé de rubans multicolores.

Leur tunique descend un peu plus bas que

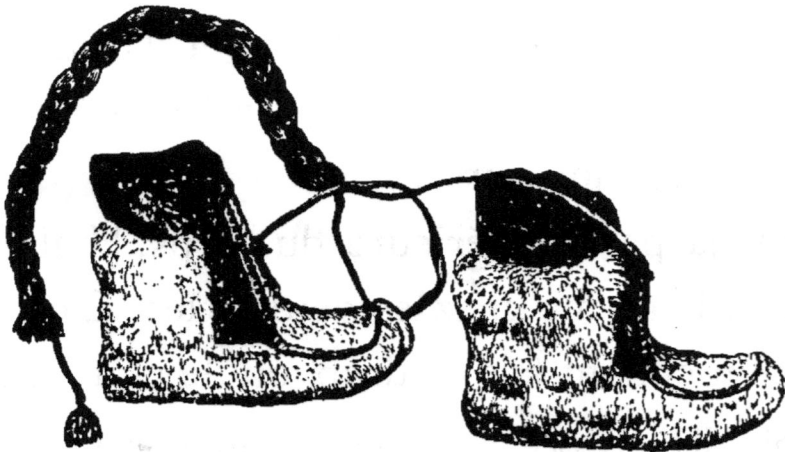

Fig. 7. — Bottes d'hiver.

celle des hommes, mais à première vue, il est difficile de distinguer les deux sexes, d'autant plus que si les tuniques des femmes sont plus longues, leurs manteaux sont plus courts.

Leurs gants ont assez la forme de ceux que portent les hommes : quelques-uns sont blancs et faits de lanières en peau de renne, dont le poil

est en dehors, cousues ensemble très soigneusement, ornés de cordons de drap qui pendent
du poignet. Les pantalons sont, comme nous
l'avons dit, exactement pareils; seulement, les
femmes ne les portent qu'en étoffe, en drap ou
en grosse serge, jamais en cuir; ils leur servent
de bas comme la tunique leur sert de chemise.
Leurs souliers, toujours en cuir de renne, sont
le plus souvent en peau blanche, surtout chez
les Lapons des montagnes.

Les ceintures des femmes sont de cuir ou de
drap, ornées de feuilles d'étain; tout autour, à
des cordons, pendent des instruments de couture.

Souvent, elles jettent sur leur tête un grand
voile ou manteau de toile de Russie, blanche ou
imprimée, égayée de dessins de couleur. De la
ceinture tombe un petit tablier d'étoffe pareille,
tout bordé de franges ou de fourrure.

Comme bijoux, on ne leur voit guère, outre
les bracelets communs aux hommes et aux
femmes, que des boucles d'oreille et quelquefois des colliers de cuivre ou d'étain. Dans la

Laponie russe, ces bijoux sont en argent. Les
colliers ont cette singularité que les deux bouts,

Fig. 8. — Bottes d'été.

au lieu d'être joints par un fermoir, sont atta-
chés aux oreilles, où ils reviennent après avoir
fait deux ou trois fois le tour du cou.

Les habits, la fourrure, les peaux, les gants, les souliers et autres objets de ce genre sont exclusivement l'œuvre des femmes. Les hommes s'occupent de l'économie de la maison, de la surveillance des rennes, de la cuisine, des mille petits détails de ménage qui, dans les autres pays, sont dévolus aux femmes.

Mais cette division du travail ne doit peut-être pas être prise à la lettre. Chez aucun autre peuple, il n'y a moins de différences sociales entre l'homme et la femme, quand il ne s'agit pas de chasse, de pêche, d'expéditions lointaines sur les champs de neige ; en un mot, dans l'intérieur de la cabane enfumée, hommes et femmes s'accommodent à choisir la besogne qui leur convient le mieux. Il est probable que la parité des vêtements est pour beaucoup dans ce bon accord.

Cette parité amène d'amusantes méprises. Ainsi, un missionnaire raconte avoir connu un ménage lapon où le mari et la femme se trompaient fréquemment d'habits, le matin. L'homme s'habillait des vêtements de sa femme, sans y

penser, et la femme, qui se levait la dernière,
endossait les habits de son mari, sans étonne-

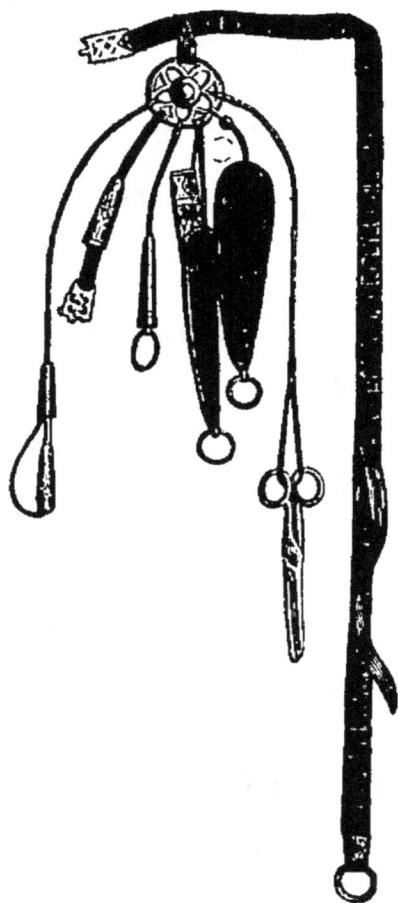

Fig. 10. — Le petit tablier.

Fig. 9. — La ceinture.

ment. Ils étaient tous
deux de même taille
et de même corpu-
lence; quand ils s'en
apercevaient, ils se
bornaient à rire de
l'erreur, et gardaient
l'erreur, et gardaient

jusqu'au soir les vêtements l'un de l'autre, sans
se donner l'ennui, pour si peu d'une seconde
toilette.

CHAPITRE IV.

LA HUTTE LAPONNE ET SON MOBILIER.

Construction de la hutte; ses compartiments. — La famille et les animaux domestiques. — La tente des montagnards. — Porte-fenêtre-cheminée. — L'ameublement et les ustensiles. — Le berceau — Jouets lapons. — Le fléau des moustiques.

Chez les Lapons des côtes, comme chez ceux de l'intérieur, les huttes sont construites avec quatre perches ovales, avec une petite porte et une ouverture au sommet pour laisser passer la fumée; elles sont couvertes d'écorces de bouleau et de mottes de terre.

Pour y entrer, il faut se courber en deux, et au dedans, il n'est pas possible de se tenir debout, excepté peut-être au milieu, sous le tronc du toit, mais comme cet endroit est le foyer, cette faculté est tout illusoire. La famille s'assied autour du feu, et l'inconvénient de ne pouvoir se mouvoir que les épaules ployées ne semble pas les embarrasser; il faut dire qu'ils sont plus petits que la plupart des autres hommes, et que là où un voyageur n'a pu se tenir debout, un Lapon peut très bien dresser la tête. D'ailleurs, ils n'ont point pour habitude de faire de leur hutte un promenoir : qu'elle soit un abri très chaud, c'est tout ce qu'ils demandent.

Avant de s'endormir, ils éteignent avec soin le feu; puis, grimpant sur le haut du toit, ils ferment non moins soigneusement l'issue réservée à la fumée; la porte bien close, ils ont ainsi une sorte de boîte, malsaine, mais où le froid ne saurait pénétrer.

Des traverses de bois divisent la hutte en plusieurs compartiments, qui tous viennent, comme des alvéoles de ruche, aboutir au foyer, qui sert pour chacune de ces chambrettes en même temps que pour la hutte entière.

Lorsqu'un Lapon se retire chez lui pour se

reposer, voici l'arrangement observé dans l'intérieur : une chambre pour les parents, les autres pour les enfants et les serviteurs. S'il y a deux familles dans la même hutte, la chambre la plus éloignée de la porte est dévolue aux plus anciens ou aux plus honorables; on la donne aux missionnaires, lorsque l'un d'eux vient demander l'hospitalité.

Deux familles laponnes vivent fort bien sous le même toit, dans une communauté qui semblerait au premier abord insupportable; en ce cas, la hutte est disposée de façon à ce qu'une moitié soit commune à tous, tandis que l'autre est séparée en deux compartiments, spéciaux à chaque famille. Cette promiscuité n'amène que rarement des querelles intestines; et puis, s'ils sont un peu serrés, ils ont plus chaud et dépensent moins de combustible.

Les moutons et les autres animaux domestiques font partie de la famille et sont traités comme tels; néanmoins, ils ont un local à part attenant à la hutte. Un autre appentis contient les fourrages, les traîneaux, les ustensiles de réserve. Le fourrage consiste d'ordinaire en mousses, principale nourriture des rennes, en lichens, en écorces de bouleau. Souvent, ils font manger à leurs vaches, afin de hâter la production du lait, une étrange mixture, composée de têtes, d'os et d'entrailles de poisson bouillis ensemble avec de la paille et du varech : cette pâture, excitante et réconfortante, est très appréciée des animaux.

Les tentes d'hiver des montagnards diffèrent peu de celles des Lapons de la plaine, sauf qu'elle est extérieurement protégée par un rempart de neige. De plus, ils en possèdent généralement deux, celle où ils demeurent à poste fixe, et une sorte de petite hutte de campagne, qu'ils construisent au milieu des bois de pins et de bouleaux, d'où ils tirent leur chauffage. Il paraît que la fumée qui règne dans ces réduits, où l'on brûle du bois vert, a quelque chose d'effrayant : les yeux n'y résistent que par une accoutumance héréditaire, et des voyageurs qui s'y étaient hasardés faillirent y perdre la vue.

Dans leurs expéditions, les Lapons se servent d'une tente en drap, rapidement montée sur quelques perches.

Il y a les régions du centre où ce système, pourtant fort primitif, du trou central est inconnu : la même ouverture latérale sert de porte, de fenêtre et de cheminée. Quand le feu est presque consumé, les pierres du foyer rougies, alors seulement ils s'installent dans leur hutte. Cette sorte de four conserve une chaleur suffisante pendant un jour et une nuit. Dès qu'il s'est refroidi, ils recommencent la même opération.

L'inventaire des meubles qui entrent dans le ménage d'un Lapon n'est pas long à faire. La tente d'un montagnard, dressée aujourd'hui dans un endroit, est le lendemain transportée dans un autre, et il en est de même du Lapon côtier ou pêcheur. Les uns comme les autres ignorent tout ce qui n'est pas indispensable en fait d'ustensiles, comme pots, marmites, plats, cuillères de corne, quelques vases de cuivre; il n'est pas très rare, en revanche, de les voir manger dans de la vaisselle plate, en étain, et d'aucuns, des Lapons de haute condition, ne se servent que de cuillères d'argent.

Ceux qui tiennent à s'éclairer mieux qu'à la vacillante lueur du foyer ont des lampes où brûle de l'huile de phoque. C'est, en général, une coquille marine où trempe une mèche faite de la moelle d'un jonc.

Le seul meuble d'une hutte de Lapon qui ait droit à ce nom, c'est le berceau. Il est fait d'un tronc d'arbre creusé et sculpté, on peut dire avec amour. Au-dessus du berceau, d'une extrémité à l'autre, un cerceau est tendu, d'où pendent à une corde des anneaux de cuivre, des grains de chapelet, différentes amusettes, avec lesquels l'enfant, en demeurant couché, peut jouer dès qu'il a les mains libres.

Quant aux lits des grandes personnes, c'est tout bonnement une peau de renne, jetée sur le sol, déjà jonché de feuilles. Les manteaux roulés servent d'oreiller et les autres vêtements, de couvertures. De plus, comme ils s'étendent entièrement nus, quelle que soit la température, ils s'enroulent dans des peaux de mouton.

L'été, qui serait fort agréable en Laponie, est une saison dont les charmes sont vraiment gâtés par les moustiques ou cousins. C'est principalement la nuit qu'ils deviennent insup-

Fig. 11 et 12. — Ustensiles de cuisine.

portables ; aussi les Lapons, pendant les chaleurs, sont-ils obligés de s'abriter sous un moustiquaire. Comme ils n'ont ni gaze ni tulle, ils tendent tout simplement, au moyen d'une corde, une couverture au-dessus de leur lit, et obtiennent ainsi une fermeture quasi hermétique, sous laquelle ils dorment en paix.

Ces cousins sont appelés, en langue la-

ponne, *Zhinoïk*. « Ce sont, » dit un missionnaire, « les femelles qui seules piquent et su-
cent le sang. Rien n'est plus difficile que de
s'en préserver : leur aiguillon passe au travers des coutures des gants les plus serrés et
les plus épais, et il arrive souvent qu'en ôtant
ses gants, on trouve sur ses mains autant de
piqûres qu'il y a de points aux coutures des
gants. Ils sont en si grand nombre dans les
bois, que le visage de ceux qui s'y aventu-
rent se trouve, en un clin d'œil, à ce point
couvert de moustiques qu'à peine peuvent-ils
reconnaître leur chemin. »

Les morsures de ces insectes, vraiment ca-
lamiteux, sont toujours suivies d'une déman-
geaison, à laquelle succède une cloche, puis un
petit ulcère blanc. La figure enfle, on devient
méconnaissable et on souffre. Il faut même se
garder d'ouvrir la bouche, car ils ne demandent qu'à s'y engouffrer, à vous dévorer la
langue et les gencives; manger au milieu des
moustiques, c'est, paraît-il, manger autant de
moustiques que de nourriture.

Le vent seul en vient à bout et les disperse;
mais dès qu'il a cessé de souffler, leur bour-
donnement recommence et leurs méfaits. Ils

Fig. 13. — Berceau.

attaquent les animaux; et les rennes sont souvent, après une journée dans les bois, tout couverts de sang, malgré l'épaisseur et la dureté
de leur peau.

« Ainsi, » conclut mélancoliquement notre

missionnaire, « le plaisir qu'on s'apprête à goûter, après un hiver ennuyeux qui a duré huit mois, est entièrement empoisonné par le supplice que vous infligent ces intraitables ennemis. »

CHAPITRE V.

LA NOURRITURE.

Le lait de renne. — Conserves de lait. — Fromage et beurre de renne. — La chair du renne. — Le saumon. — L'huile de poisson. — Nourriture des enfants. — Soupe d'arêtes de poisson. — L'écorce du sapin; l'angélique. — Le tabac. — L'eau-de-vie.

Les Lapons se nourrissent presque exclusivement de lait de renne.

Ils ont deux manières de le préparer, selon la saison. L'été, ils font bouillir avec leur lait, jusqu'à ce qu'il se caille, une sorte d'oseille à larges feuilles. A mesure que le lait chauffe, ils l'agitent ; quand il est tourné, ils en séparent le petit lait et recuisent le caillé, qu'ils mettent ensuite dans des vessies et enfouissent sous terre. L'hiver, ils ont recours au procédé suivant : mis dans de grands vases ou dans des outres,

le lait tourne assez vite, puis dès que le froid
commence, il gèle, et alors on le conserve facilement. Comme il devient alors très dur, il
faut le couper avec une hachette.

Outre cette nourriture, qu'ils prennent à midi,
les Lapons mangent assez souvent un mélange
de viande, de fruits et de lait frais. Ce lait frais
se prend aussi séparément et d'une façon originale. Comme, durant l'hiver, il se congèle
presque aussitôt, on le met à fondre devant le
feu, dans la cendre chaude, et on le mange à la
cuillère, à mesure qu'il fond. C'est une opération délicate, assure-t-on, que de faire fondre
du lait frais, car à la chaleur il rancit facilement; en tout cas, ce mets est regardé comme
le plus distingué que l'on puisse offrir à un
étranger.

Ils font du fromage de renne et le mangent
soit froid, soit bouilli, soit grillé. C'est encore
une opération difficile que de faire rôtir du
fromage de renne, car une excessive chaleur le
ferait aisément prendre feu, à cause de la grande
quantité de matières grasses qu'il contient.

Quant au beurre de renne, que font les femmes, elles ne se servent pour l'obtenir d'autre
instrument que de leurs mains ; elles remuent
la crème jusqu'à ce qu'elle prenne de la con-

Fig. 14. — Cuillères en corne de renne.

sistance et de la couleur : il y faut un certain
temps.

Les Lapons chasseurs se nourrissent de la
chair du renne sauvage, qu'ils font bouillir.
Quand la graisse surnage dans la marmite, ils

l'écument et la mettent à part, et retirent ensuite la viande. Alors le repas se passe de la manière suivante : chacun prend une bouchée de viande et la trempe dans la graisse avant de la manger; puis, au moyen d'une cuillère, dont chacun se sert tour à tour, ils boivent de temps en temps une gorgée du bouillon resté dans la marmite.

Les Lapons pêcheurs se nourrissent naturellement de poisson et surtout de saumon; pour le conserver, ils le fendent et le font sécher au soleil. Frais ou séché, ils le mangent sans aucun assaisonnement, se bornant à tremper chaque morceau dans de l'huile de poisson.

Les enfants, même les nourrissons, sont élevés à ce régime, et l'on en voit quitter le sein de leur mère pour avaler un morceau de saumon que celle-ci, pour l'attendrir, a préalablement mâché.

Petits et grands font une abondante consommation d'huile, mais il est faux qu'ils l'absorbent, comme on l'a dit, en énormes quantités, par exemple d'une pinte à chaque repas. Ce serait extrêmement indigeste : d'ailleurs, ils semblent boire cette huile assez répugnante (que l'on pense à l'huile de foie de morue), moins encore par goût que par nécessité et par raison. C'est, par excellence, la nourriture des pays froids, la seule qui fournisse assez de combustible à la

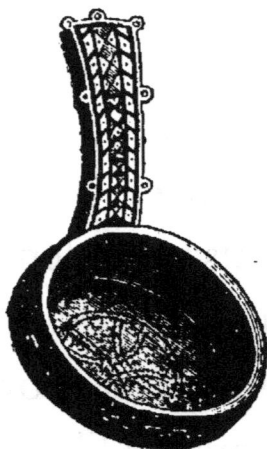

Fig. 15. — Cuillère à soupe en bois de bouleau.

machine humaine pour lui permettre de contre-balancer la perte énorme de calorique animal.

Du poisson, ces Lapons de la côte ne méprisent rien : les arêtes même et les têtes en sont bonnes. Ils les utilisent d'une singulière façon. Pour les imprégner de matière grasse, ils déposent tous ces reliefs dans le ventre d'un phoque fraîchement tué; et une fois bien imbibés, ils les font bouillir, et voilà une soupe nutritive et succulente, — pour un Lapon.

Il faut croire que cette nourriture, nécessaire, mais très lourde, n'est pas autrement malsaine, puisque les Lapons jouissent, en général, d'une très bonne santé. On ne leur connaît aucune maladie chronique, et s'ils savaient prendre quelques précautions contre la fumée qui leur ronge les yeux, leur situation serait, sous ce rapport, vraiment privilégiée.

On se passe de pain : les Lapons n'en consomment que peu ou point. Ils savent pourtant faire une sorte de gâteau avec de la farine, de l'eau et quelques ingrédients, mais c'est pure friandise. Notre poète comique Regnard l'avait déjà remarqué, dans le fameux voyage qu'il fit en 1681. En guise de pain, quelques peuplades laponnes mangent l'écorce intérieure du sapin, soit fraîche, soit fumée, soit trempée dans l'huile, leur assaisonnement favori.

En fait de fruits, quelques baies, mais aucun légume : ils ne connaissent de comestible végétal, outre l'écorce de sapin, que l'angélique, qui croît dans les vallées, sur le bord des fleuves, où elle atteint un grand développement. Ils en mangent la racine et les feuilles, qu'ils font

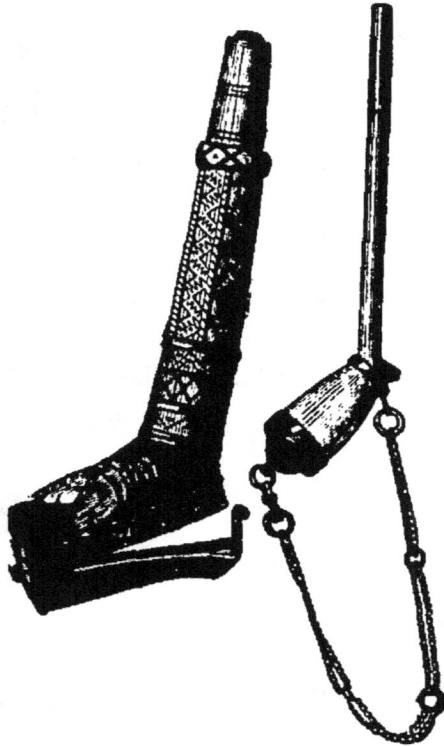

Fig. 16. — La pipe et son étui.

souvent bouillir avec du lait. D'ordinaire, leur repas se termine ainsi.

Ils sont des fumeurs déterminés, jusqu'à l'ivresse, jusqu'à l'extase. C'est leur plus grand plaisir, aux femmes comme aux hommes. Quand il y a disette de tabac, quand ils en sont à la dernière pipe, ils fument à la ronde, le tuyau du calumet passant de bouche en bouche, comme chez les Indiens de l'Amérique du Nord; mais ce n'est pas une cérémonie, la nécessité seule les contraint à une parcimonie dont ils pâtissent extrêmement.

Dire qu'ils ne boivent que de l'eau ou de la neige fondue, c'était bon autrefois. Les alcools ont pénétré en Laponie; à l'instar du paysan russe, finlandais, suédois ou norvégien, le Lapon fait une grande consommation d'eau-de-vie. Sous ces latitudes, cette boisson est moins à craindre que dans les pays chauds ou tempérés. Par un très grand froid, l'eau-de-vie est presque une nourriture : c'est, du moins, à ce que disent les hygiénistes, un aliment d'épargne, un aliment, qui sans alimenter, soutient et augmente la valeur nutritive des autres aliments, pourvu, toutefois, qu'il ne soit pas pris avec excès.

CHAPITRE VI.

LE RENNE.

Utilité du renne. — Les bois du renne; leur chute et leur croissance. — Bataille de rennes. — Leur grand ennemi, le loup. —
Les gardiens du troupeau. — Un singulier compliment. — Les
traîneaux.

Le renne est au Lapon ce que le cheval est
à l'Arabe du désert et, sous des climats extrêmes, la fonction des uns et des autres est
toute pareille. On ne conçoit pas l'Arabe à pied,
traversant péniblement les sables brûlants; on
ne conçoit pas le Lapon se traînant par la neige
d'un canton à l'autre.

On a dit, pour bien montrer l'importance de
cet animal, que l'homme était le parasite du
bœuf; c'est une manière assez·méprisante pour
l'humanité de considérer les choses. Mais s'il

y a dans cette remarque une part de vérité, on peut dire avec bien plus de justesse que le Lapon est le parasite du renne. Le renne le nourrit de son lait, le vêt de sa peau, lui abrège les distances; et quand la nécessité l'y pousse, le Lapon n'hésite pas à égorger, à dépecer et à manger un de ses serviteurs.

Les faons de renne viennent au monde à une époque qui ne varie que de quelques jours, dans le courant du mois de mai, et selon une légende, seulement par un temps d'orage, au milieu du tonnerre et des éclairs. Le pasteur Leems, qui fait la guerre aux superstitions, n'admet pas cette croyance . Il n'en a peut-être pas compris la signification. Cela ne veut-il pas dire qu'il faut, pour la naissance de cet animal indispensable entre tous, des circonstances exceptionnelles, une sorte de prodige? Je la trouve plus touchante que ridicule, cette superstition, et intéressante comme un symbole.

Les faons de renne, quelles que soient les circonstances de leur naissance, n'en sont pas moins des animaux très précoces. Peu de jours après leur venue au monde, ils sont déjà d'une grande agilité et assez forts pour suivre leur mère, partout où elle prend sa course. Parmi le troupeau le plus nombreux, chaque femelle n'hésite pas à reconnaître ses petits, et

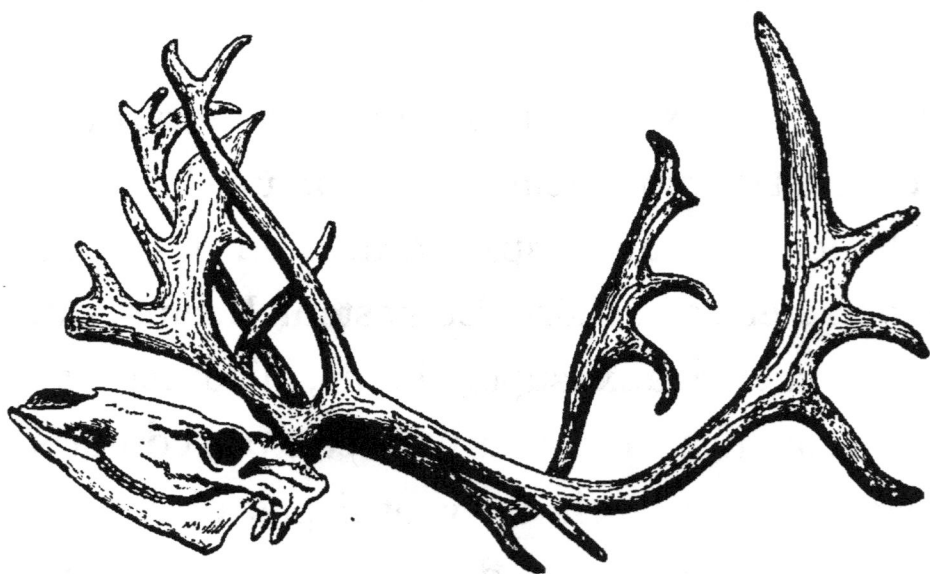

Fig. 17. — Bois de renne.

rien ne ressemble plus à un faon qu'un autre faon. Pourtant, leur couleur varie. Si la mère a une robe gris cendré, par exemple, le faon est rouge à sa naissance avec une raie le long du dos; cette première couleur fonce peu à peu. Il y a des faons tout blancs, avec à peine quelques taches un peu cendrées : ils proviennent toujours d'une mère de même couleur.

Les femelles sont d'une stature plus haute et plus forte que le mâle ; mais voici un bien étrange caprice de la nature : plusieurs d'entre elles ont des bois d'une grande venue, bien plantés et bien branchus, d'autres ont le front complètement dépouillé.

Ces bois sont annuels, tombent vers l'automne, à la grande tristesse de l'animal, qui manifeste son ennui par des accès de méchante humeur et tous les signes de la plus amère mélancolie. Mais le bois nouveau commence bientôt à poindre sous la forme de deux bourgeons, qui peu à peu s'épanouissent. La peau qui recouvrait ces bourgeons se fend et tombe en lambeaux le long de leurs joues : cela leur donne un aspect hideux, dont ils ont peut-être conscience, car ils passent alors leur temps à se débarrasser les uns les autres de ces appendices caducs.

Ces bois prennent, dans le cours de l'année, un immense développement, auquel la ramure d'un cerf dix-cors n'est pas comparable. Au

Fig. 48. — Troupeau de rennes.

lieu d'être ronds, les andouillers sont tout apla-
tis et curieusement contournés. Ils acquièrent

une telle longueur que, quand ces animaux combattent ensemble, à la manière des cerfs, ils se trouvent parfois si bien enchevêtrés et accrochés, que, sans le secours de l'homme, ils ne pourraient se débarrasser et périraient sur place.

La principale nourriture des rennes en hiver est une mousse blanchâtre qui croît sous la neige. Comme l'épaisseur de la neige est souvent fort grande, il faut que l'animal gratte le sol avec persévérance pour l'atteindre. Mais il arrive que la neige est trop dure et que, malgré son adresse, le renne ne peut pas entamer la couche gelée. C'est alors, pour les rennes sauvages, une disette à laquelle rien ne peut suppléer et, si cela continuait pendant un certain temps, des troupeaux entiers et peut-être la race entière périraient de faim. Un missionnaire fait remarquer qu'il n'est jamais arrivé que le durcissement extrême de la neige durât plus de quelques jours, et grâce à leur sobriété, les animaux n'en souffrent pas trop.

En Laponie, on ne rentre jamais les rennes,

même par les plus grands froids, mais les pay-
sans norvégiens, qui s'en servent comme de
chevaux, les traitent de même et les mettent à
l'écurie pendant l'hiver.

Le renne a un terrible ennemi contre lequel

Fig. 19. — Rassemblement d'un troupeau de rennes.

il est à peu près sans défense, le loup. Sans
doute, le renne court plus vite que le loup;
mais le renne est d'une grande simplicité d'esprit et le loup est un chasseur plein de ruse.

Malgré les précautions des Lapons, malgré
leur vigilance, qui redouble en temps d'orage,

car c'est ce moment que choisissent les loups,
de préférence, il ne se passe pas d'hiver qu'un
troupeau de rennes ne soit sérieusement en-
dommagé.

Sitôt que le renne a senti le loup, il prend
la fuite vers les bois; le loup n'ignore pas
cette habitude; aussi, tandis que quelques
loups vont rôder autour du troupeau, le gros

Fig. 20. — Traîneau d'hiver.

de l'ennemi se place entre le bois et le pâturage,
et, à mesure que la peur chasse les rennes de
ce côté, les loups leur sautent à la gorge, au
passage, et les couchent étranglés.

Quand les loups partent en chasse, ils ont
une avant-garde de corbeaux et de corneilles,
qui déjà sentent la curée, mais servent assez
maladroitement de signal d'alarme; c'est un
bruit auquel le Lapon ne se trompe pas. Il

suffit pour éloigner les loups d'attacher les rennes par une corde à un pieu : cette corde agit à l'égal d'une conjuration magique. Un renne mis à l'entrave n'est jamais attaqué, à moins

Fig. 21. — Traîneau de marchandises.

que, pris de peur, il ne réussisse, pour son malheur, à se délivrer et à fuir.

Il est difficile de mettre au pieu tout un

Fig. 22. — Traîneau couvert.

troupeau de rennes, car ils trouvent si peu à manger à chaque place qu'un grand terrain de pâturage leur est nécessaire.

Comme en d'autres pays les troupeaux de moutons ou de bœufs, en Laponie, les troupeaux de rennes sont surveillés par des chiens dressés à ce service. Au moindre signal, le troupeau, quelque dispersé qu'il soit, est rassemblé en un clin d'œil et reprend le chemin des tentes.

Le renne est l'objet d'une sorte de vénération, et le plus grand compliment qu'un naturel puisse faire à un autre est de lui dire : « Je vous estime autant que le meilleur de mes rennes. » C'est encore un point de comparaison pour les objets les plus précieux : beau comme un renne, bon comme un renne, etc.

Le traîneau auquel on les attelle a à peu près la forme d'un canot ou de la moitié d'un canot ; il est pourvu d'une quille, qui sert de patin et glisse sur la neige, mais l'arrière se termine brusquement, coupé droit. Ces traîneaux, qui ne changent pas de forme, varient de taille, depuis le plus petit, qu'un homme porte sur ses épaules, jusqu'au plus grand, qui sert de chariot, ou de magasin, ou de garde-manger ambulant.

Même quand ils enfoncent dans la neige

jusqu'au ventre, les rennes se tirent d'affaire;
on en est quitte pour aller très lentement. Ceci
arrive quand la neige commence à fondre ou
qu'elle n'a pas encore gelé.

Un bon renne, attelé à un traîneau léger,
fait assez facilement six lieues à l'heure, et cela
pendant une demi-journée : 144 kilomètres en
six heures. C'est la vitesse ordinaire d'un train
de chemin de fer. Cette rapidité avait déjà
étonné Regnard, qui la trouvait miraculeuse.

CHAPITRE VII.

LE *FIELD* OU TERRAIN DE PATURAGE.

Les nomades. — Lenteur de leur marche. — Voyage d'été et voyage d'hiver. — Les troupeaux des nomades. — Nécessité de ces perpétuels déplacements. — Topographie du *field;* comment on le traverse. — Solitudes laponnes. — Le littoral. — Fonctionnaires et marchands officiels.

Les Lapons du bord de la mer ne changent de demeure que deux fois l'an, au printemps et à l'automne. Lorsqu'ils se déterminent à quitter leur domicile, ils laissent leurs huttes debout, afin de les retrouver toutes prêtes au retour. Ils se bornent donc à avoir une station d'hiver et une station d'été.

Il n'en est pas de même des Lapons montagnards qui, comme les Arabes, ou les Tartares ou les anciens Scythes (dont on dit qu'ils sont descendants) (1), sont continuellement errants d'un lieu à un autre, emportant avec eux tous leurs bagages.

Le plus souvent, ils se mettent en route vers le milieu de l'été, avec leur famille et leurs troupeaux, et se dirigent vers les côtes. Quand l'automne approche, ils reprennent le chemin des montagnes. Leur marche est si lente, qu'ils ne font pas plus de 3 ou 4 lieues par jour, et toute l'étendue de leur migration n'en excède pas 40.

Comme, à la saison où ils partent, la terre est débarrassée de la neige, ils vont à pied, précédés de leurs rennes, qui sont chargés de leurs tentes, ustensiles et provisions. Ils emportent jusqu'aux pierres de leur foyer, afin d'avoir tout sous la main pour camper à l'étape qu'ils auront choisie.

Durant l'hiver, leur convoi se compose de traîneaux, qui se suivent dans l'ordre suivant : le traîneau qui porte le mari chef de la famille ;

(1) Certains Finnois sont appelés en Russie *Schuti*.

celui qui porte la femme; si elle a un enfant
à la mamelle, il est près d'elle dans un berceau, capitonné de fourrures; les enfants, les
serviteurs et les bagages viennent ensuite.

Fig. 23. — Ils se mettent en route vers le milieu de l'été.

Il paraîtra étonnant que, l'hiver, les Lapons
puissent voyager de nuit, comme de jour,
quand la terre ne présente qu'une immense
surface uniformément couverte de neige, et

que nulle trace frayée ne leur indique la route à suivre. Ils n'hésitent pas cependant à se mettre en chemin, même sous la neige et quand elle tombe si épaisse que la vue est bornée à quelques pas. Pour se guider, ils observent alors d'où le vent souffle et semblent surtout s'en rapporter à l'instinct de leurs bêtes.

La vie nomade de ces Lapons perpétuellement sur les routes ne les empêche pas de posséder des troupeaux de rennes plus nombreux même que ceux de leurs compatriotes sédentaires.

Ils ont jusqu'à 1,000 têtes pour une seule famille. C'est, d'ailleurs, à peu près le chiffre voulu; ceux qui sont trop pauvres pour l'atteindre se réunissent ensemble. Avec 3 à 400 rennes, on est regardé comme peu fortuné; à 1,000 commence l'aisance. Quelques familles en possèdent jusqu'à 1,500 et l'on en cite même qui en compteraient 4 ou 5,000, mais ces chiffres semblent fabuleux.

C'est à cause même du grand nombre de

leurs rennes que les Lapons mènent une vie errante.

« Le renne ne peut vivre qu'en plein air (il y a des exceptions), hiver comme été. Il n'est jamais interné dans une étable ou une écurie (ceci, nous l'avons dit, n'est pas absolu) ; de plus, on ne le nourrit pas : c'est lui-même qui cherche la nourriture qui lui convient, et pour la trouver, son instinct est merveilleux. Mais encore faut-il qu'il soit dans les places où cette nourriture se rencontre, et c'est la recherche de ces bonnes places qui fait la préoccupation constante des Lapons.

« Dès le printemps, l'instinct des rennes les pousse vers les côtes, et si leurs propriétaires ne les y conduisaient pas, ils ne seraient plus maîtres d'eux et courraient le risque de les voir déserter en masse. Au bord de la mer, en effet, les rennes trouvent de beaux pâturages d'herbe fine, en même temps qu'ils sont moins dévorés par les moustiques.

« Le même instinct, aux approches de l'hiver, les porte à rentrer dans l'intérieur des terres, où se trouve leur nourriture d'hiver, la mousse et les lichens, qu'ils ne mangent d'ailleurs qu'à défaut de l'herbe. »

Le *field* (terrain de pâturage), où évoluent les nomades norvégiens, se compose d'abord, à partir de Karasjok, d'une suite de plateaux peu élevés, coupés par de petites vallées où coule un gros ruisseau, parmi des tourbières noires qui en rendent le passage assez pénible. De place en place, quelques lacs d'un bleu intense, bien plus foncé que le bleu du ciel qui s'y reflète, et comme végétation, des bouleaux rabougris, de la bruyère et de la mousse.

A chaque étape, calculée à peu près sur une journée de marche, s'élève un *fieldstüe*, sorte de refuge ou d'hôtellerie primitive, construite et entrenue par le gouvernement. Moyennant 60 *ores,* équivalant environ à 85 centimes, on a droit à l'eau et au feu. Malheureusement, ce n'est qu'un principe, car, en général, il n'y a personne pour vous recevoir, et ces abris ne sont souvent que des masures. A défaut d'une cordiale réception dont le voyageur aurait besoin, là plus qu'ailleurs, on trouve néanmoins des lits d'écorce de bou-

Fig. 24. — De place en place, quelques lacs.

leau, quelque vaisselle, une table, des chaises. On repart, et voici d'immenses plaines, toutes couvertes de blocs de granit, que dissimule une épaisse couche de mousse; çà et là, les granits s'élèvent en pointes, en tables, en mille formes étranges, qui rappellent l'aspect des champs de Karnac, en Bretagne.

Les plateaux s'étagent comme un gigantesque escalier; au sommet du dernier, se déploie un merveilleux panorama, une étendue de collines basses que l'on domine, et au delà desquelles s'étendent des perspectives sans fin de pâturages, de lacs, de bois. La solitude y est absolue : pas un animal, pas un oiseau, pas un insecte, pas même une plante, si ce n'est ces éternels bouleaux qui semblent faire partie du sol; pas un insecte, sauf les non moins éternels moustiques. Enfin, par une large vallée, on arrive à Alten, petit port norvégien, où se groupent quelques cabanes de pêcheurs.

Il y a, le long du littoral, entre les îles Loffoden et le cap Nord, et plus loin, la Tana, quelques semblants de villes.

Tromsöe est la principale. Située par 70° de latitude nord, elle compte près de 6,000 habitants et s'est décerné le titre de *Paris du Nord*. Il y a trois églises, en bois, comme le reste des maisons. On y fait un commerce important de poisson salé, d'huile de foie de morue, de fourrures. Près de la ville, on indique au voyageur un bois de bouleaux, avec lacs et allées sablées, que les indigènes ne sont pas loin de considérer comme une réduction très présentable de notre bois de Boulogne.

L'hiver, comme la neige dépasse la hauteur des toits, on peut se promener *au-dessus de la ville*. Souvent, des tranchées sont impossibles; alors, on fait des tunnels, et c'est bien strictement à la lettre que Tromsöe devient une ville *ensevelie sous la neige*.

Karasjok, la seule ville de l'intérieur de la Laponie, la seule que l'on puisse, sans trop de bonne volonté, dénommer une ville laponne, a un tout autre caractère.

A vrai dire, durant l'hiver, elle contient beaucoup de Lapons. Les nomades qui viennent camper aux environs y envoient leurs femmes et leurs enfants, restant seuls à l'abri de leurs huttes, pour veiller sur les rennes. Durant cette saison, la même étroite habitation contient jusqu'à vingt et trente personnes, entassées dans un espace où deux Européens seraient mal à l'aise au bout d'une journée.

L'été, il n'y a plus personne que les fonctionnaires qui, par ordre, résident en ce pays perdu. Parmi ces fonctionnaires, il y a un marchand, — marchand officiel, marchand nommé par décret royal, — ce qui montre bien le peu d'agrément d'un séjour à Karasjok, en même temps que son peu d'importance commerciale, car les trafiquants d'ordinaire ne se font pas prier pour aller partout où le négoce est possible. Les deux autres officiers royaux sont le préfet (*lensmand*) et le pasteur. Ils habitent des maisons fort convenables, meublées à la norvégienne, et doivent, semble-t-il, trouver la vie monotone.

En quinze ans, il est venu quinze étrangers à Karasjok. Le dernier, duquel nous tenons ce détail, raconte que l'on pavoisa en son hon-

neur les résidences officielles aux couleurs
nationales. Il y avait une raison : il était Fran-
çais, et en Laponie, comme en d'autres pays,
la France est toujours la bienvenue.

CHAPITRE VIII.

LA CHASSE ET LA PÊCHE.

Le Lapon à la chasse. — Chasse au renne. — Chasse au lièvre et à l'ours. — Lynx, renards, martres, castors, loutres, hermines, écureuils. — Le glouton et sa légende. — Oiseaux d'hiver. — La pêche. — Phoques et morses. — Baleines. — Le hareng et le saumon. — La légende du *Kraken.*

La Laponie abonde en gibier, surtout en rennes sauvages. Bien que les indigènes, toujours fort occupés du soin de leurs nombreux troupeaux, n'aient guère le temps de chasser, néanmoins, dès qu'ils le peuvent, ils se livrent à cet exercice, qui est pour eux un grand plaisir. L'été et l'automne sont les deux bonnes saisons.

Toujours accompagné d'un chien, muselé

de peur que ses aboiements n'effraient le gibier, le chasseur entre dans les bois où se rassemblent les hardes de rennes non domestiques. Cette chasse ressemble à toutes les chasses; aussitôt qu'on aperçoit le gibier à portée, on tire. Le Lapon est très bon tireur.

Il y a, du reste, plusieurs manières de chasser le renne. Quand la neige, un peu molle, l'empêche de déployer toute sa vitesse, l'homme, chaussé de patins, l'atteint facilement à la course et l'assomme d'un coup de massue.

D'autres fois, on organise une battue générale. Un parc est formé avec des clôtures de branchages : on y pousse les rennes et, à mesure qu'ils se présentent pour sortir à l'extrémité du parc, façonné en forme d'entonnoir, on les tue un à un.

Il y a également beaucoup de lièvres. L'hiver, ils deviennent tout blancs, bien qu'en été ils soient absolument de la même couleur que les lièvres des pays tempérés; on les prend le plus souvent au piège.

Fig. 9?. — Aussitôt que l'on aperçoit le gibier à portée, on tire.

Très communs également, les ours sont assez dangereux. Les rennes qu'ils attaquent leur échappent aisément par la fuite, mais les moutons et les vaches deviennent fréquemment leurs victimes ; ils sont d'autant plus

Fig. 26. — On rencontre aussi des lynx.

ardents à la curée, que la faim seule les pousse à être carnivores, car leur nourriture habituelle se compose de baies, d'écorces d'arbres, et, en été, d'herbes communes, qu'ils broutent comme des ruminants.

La chasse à l'ours est dangereuse : il faut le tuer du premier coup ou, du moins, avec un

coup de rechange : si l'animal n'est que
blessé, sa fureur devient extrême, et le chasseur se trouve dans le plus grand péril.

On rencontre aussi des lynx , mais en très
petit nombre, tandis qu'ils abondent sous la
même latitude dans l'Amérique du Nord;
beaucoup de loups et quantité de renards,
rouges, noirs ou tachetés de ces deux couleurs.
Les peaux de renard noir ont une grande valeur : jadis, par suite d'un décret rendu en l'an
1652, elles étaient exclusivement réservées
au roi, qui régnait alors sur la Norvège et
le Danemark.

Les renards blancs sont assez rares : c'est
un charmant animal, tout d'un blanc bleu
ou cendré, avec les oreilles, la queue et les
pieds noirs. Il a, malheureusement, à peu près
disparu; aussi, sa fourrure est-elle d'un prix
très élevé.

Quant aux martres, elles abondent, et il y
en a de trois sortes, différenciées par la nuance
de leur robe où par les endroits où elles vivent :
martre des bouleaux, jaune à poitrine blanche ;

martre des sapins, à peu près pareille; martre des rochers, brune à ventre cendré.

Les castors, les loutres, les gloutons, les hermines, les écureuils complètent la liste des principales espèces à fourrure qui vivent en Laponie.

Fig. 27. — Le tétras.

L'hermine a une légende comme en Bretagne : si sa blanche robe vient à être souillée, elle en meurt de chagrin.

Le glouton en a également une, moins connue et moins poétique. C'est un petit animal, extrêmement vorace et méchant. Malgré sa taille exiguë, il s'attaque volontiers aux rennes. Grimpant sur un arbre, il attend qu'un de ces animaux passe à sa portée, saute sur son échine, s'y cramponne de ses griffes aiguës et dévore sa proie sans qu'on parvienne à lui faire lâcher prise. Voici où commence la légende, assez caractéristique d'ailleurs, de la gloutonnerie. Quand le glouton est tellement repu qu'il ne peut plus rien avaler, il trouve le moyen, en se serrant entre deux arbres, de rendre tout ce qu'il vient de manger, afin de recommencer un repas sur de nouveaux frais, et cela indéfiniment. Cela rappelle les gloutons (hommes) de l'ancienne Rome, qui se faisaient vomir après un copieux repas et revenaient se mettre à table.

Nous avons dressé un bref calendrier des oiseaux qui passent l'été en Laponie : ceux qui vivent à demeure sont en bien petit nombre, et l'on ne cite guère que le tétras et la chouette, qui se cachent entre les branches des bouleaux et y trouvent encore, au fond de l'hiver, quelque nourriture.

La mer et les rivières sont fort peuplées.

Fig. 28. — Les phoques.

Un des principaux articles de pêche est le phoque, mais faut-il appeler pêche ou chasse la guerre que les Lapons font aux phoques et morses? Par le fait, ils ne s'emparent jamais de ces amphibies qu'au moment où ils se sont échoués sur le sable; alors des coups de bâton suffisent à les étourdir.

La pêche de la baleine, jadis pratiquée non seulement par les indigènes, mais par une quantité de bateaux armés par la France, l'Angleterre et les pays du Nord, a beaucoup diminué d'importance, à cause de la plus en plus grande rareté des baleines.

Les poissons les plus abondants sont la morue et le hareng; mais, de même que pour la baleine, ces pêches sont surtout pratiquées par les pêcheurs norvégiens et islandais; elles n'ont pour les Lapons qu'une importance secondaire. Il n'en est pas de même du saumon, extrêmement abondant dans tous les cours d'eau : il constitue pour certaines familles la base même de la nourriture, en même temps qu'un article de commerce assez considérable.

Bien plus intéressant que tous ces habitants des mers, vraiment trop connus, est le *kraken*, ce monstre que nul naturaliste n'a catalogué, mais sur lequel tous les pêcheurs de la côte racontent de surprenantes histoires.

Il est si grand que lorsqu'il émerge à la surface de l'eau, son dos est pareil à une île, toute couverte de rochers, de coraux, de varechs, de mille végétations marines. Un jour, les pêcheurs furent bien étonnés, en jetant leurs sondes, de s'apercevoir que le fond de la mer diminuait peu à peu de profondeur : ils s'enfuirent en toute hâte, et bien leur en prit, car l'animal ne tarda pas à venir à la surface, puis à plonger de nouveau avec un grand bruit et des remous terribles. Il est de tradition que c'est sur le dos d'un *kraken* qu'aborda le premier apôtre chrétien, qui vint évangéliser l'extrême Nord : l'évêque (c'était un évêque) célébra tranquillement la messe durant la traversée.

Il paraîtrait que, comme beaucoup de légendes, celle-ci a un fond de vérité et que la mer recèlerait vraiment des pieuvres ou *krakens* d'une taille prodigieuse ; certaines relations modernes et authentiques en font foi.

CHAPITRE IX.

JEUX ET CÉRÉMONIES.

Les cadeaux. — L'almanach lapon. — La dot de l'enfant. — Le mariage. — Les compliments. — Festins. — Jeux. — La paume et les échecs lapons. — Superstitions. — Funérailles. — L'autre monde. — Provisions de voyage. — Le *Saligavin*. — L'anniversaire.

Les mœurs des Lapons ne semblent pas avoir changé depuis des siècles. Tels les voyageurs d'autrefois les ont décrits, tels on les retrouve aujourd'hui.

Ainsi, c'est un usage antique et toujours respecté que lorsqu'on va visiter un personnage particulièrement honorable, on lui porte quelques présents : un fromage, du gibier, du poisson, des langues de renne, du beurre, de la plume d'eider. En revanche, on ne revient pas les mains vides et même on reçoit plus que l'on n'a donné. C'est une sorte d'échange à titre gracieux.

Ils se servent encore aujourd'hui, en guise de calendrier, d'un bâton sur lequel ils marquent les jours de l'année, les dimanches, les fêtes; on a retrouvé de ces bâtons dans les plus anciennes sépultures finnoises. Cependant, le progrès de l'instruction primaire fait disparaître cet usage; beaucoup de Lapons savent lire, maintenant, et on imprime, en leur langue, des almanachs, des catéchismes et des livres de prière.

La croyance aux jours heureux et aux jours malheureux n'a pas disparu, et quoi d'étonnant à cela puisque, même en France, le vendredi a gardé sa réputation néfaste? Aussi leur bonjour est-il une sorte de conjuration. Quand ils se rencontrent, ils s'embrassent en se disant mutuellement : *Eurist!* ce que traduit à peu près le mot : Salut!

Dès qu'un enfant est né, on lui assigne, à

titre de propriété particulière, une renne avec tous les petits qui en proviendront : c'est une sorte de bien inaliénable et auquel nul créancier des parents ne peut toucher, en aucune circonstance. Aussi, quoi qu'il arrive, l'enfant est sûr d'avoir un commencement de fortune, et souvent il devient ainsi propriétaire d'un troupeau considérable.

Il est très rare que Lapons et Norvégiens se marient ensemble. Des missionnaires affirment n'avoir jamais eu connaissance d'une semblable union.

Quand un Lapon veut se marier, il fait part de son désir à sa famille, qui alors se dirige, en corps, vers la demeure de la jeune fille. Ils emportent des présents, d'abord de l'eau-de-vie, puis des cadeaux pour la future, une ceinture brodée, des anneaux, quelques menus bijoux. Quand ils arrivent à la porte de la hutte, l'orateur de la troupe entre le premier, suivi des autres parents, mais à l'exclusion du prétendu, qui reste dehors jusqu'à ce qu'il ait reçu l'invitation de franchir le seuil à son tour.

L'orateur commence par remplir d'eau-de-vie un grand verre, qu'il offre au père de la fille. Si celui-ci l'accepte, cela veut dire qu'il donne son consentement. Ensuite, l'eau-de-vie se verse à la ronde, non seulement aux parents, mais à tous les amis qui sont venus voir la cérémonie et finalement au prétendu. Pendant que l'on boit, celui-ci a la permission de parler en son propre nom, bien qu'il doive encore se tenir le plus près possible de la porte. L'orateur reprend la parole et débite le grand compliment. Le discours achevé, quand les parents ont donné leur acquiescement définitif, le futur s'avance enfin, offre ses cadeaux en même temps qu'il en promet d'autres, par exemple les habits de noces des parents de la jeune fille, qu'il est tenu de fournir. Tout le monde se retire, après qu'on a fixé le jour du mariage. Dans l'intervalle, le jeune homme est admis à faire la cour à sa fiancée, et cela se passe comme dans les pays civilisés, mais avec une particulière décence.

Le jour des noces, l'accordée apparaît dans ses plus beaux atours. Il faut avouer qu'ils ne diffèrent pas beaucoup des vêtements ordinaires. Seulement, elle porte, pour la circonstance, la tête nue et laisse flotter ses cheveux sur ses épaules. Après le mariage, auquel procède le ministre, puisque tous les Lapons sont chrétiens et luthériens, un grand repas a lieu. Les invités riches y participent par des dons souvent très généreux, soit de l'argent, soit des provisions de ménage, soit un renne tout entier.

Quelques jours plus tard, il y a un nouveau festin, qui clôt la série des fêtes. Pendant la première année, le mari demeure avec les parents de sa femme, puis il se retire et s'établit en son ménage.

Les Lapons ne connaissent guère d'autres divertissements que les repas en commun. Toutefois, dans les moments de repos forcé, ils ont quelques manières assez primitives de s'amuser. Ils jouent à la balle ou à la paume, du moins à un jeu qui ressemble à cet exercice classique. Un autre jeu, plus compliqué et plus sédentaire, qu'ils appellent le *jeu du renard et des oies*, a quelque ressemblance avec les échecs; mais les pièces, au lieu de tours, de fous, de cavaliers, sont tout bonnement des chevilles qu'il faut faire manœuvrer le long d'une planche percée de trous.

Quelque amusant que soit ce jeu assez compliqué, paraît-il, et qui simule les ruses d'un renard qui veut tordre le cou à un troupeau d'oies, les Lapons préfèrent encore les exercices violents, tels que la course, le saut en hauteur par-dessus une corde tendue, ou en largeur, par-dessus une rivière, la lutte, etc.

Ils parviennent à un âge assez avancé, et d'après Samuel Rheen, les centenaires ne seraient pas rares chez eux; jusqu'à près de quatre-vingts ans, ils gardent leur force, leur souplesse et leur présence d'esprit. Rarement, leurs cheveux blanchissent.

Quand un Lapon est près de mourir, on consulte le devin pour savoir dans combien de temps viendra la mort; si elle est proche, on commence immédiatement les apprêts des funérailles, sous les yeux même du moribond. Dès qu'il a cessé de vivre, on l'abandonne seul dans la hutte, par crainte des maléfices que pourrait jeter sur les vivants l'âme du mort, qui rôde autour du cadavre.

C'est encore dans cette croyance qu'ils prennent de grandes précautions pendant l'ensevelissement : pour se préserver de toute mauvaise influence, ceux qui y procèdent se passent au bras droit un anneau magique; alors, il n'y a plus rien à craindre.

L'enterrement a lieu à une très grande distance du campement, et ils déposent le corps soit dans une caverne, soit dans une fosse avec une hache, une pierre à fusil, un briquet, afin que n'importe où aille son âme errante, elle puisse avoir de la lumière et se frayer un chemin à travers les bois, lorsque viendra l'heure du dernier jugement. Cet usage est antérieur à l'introduction du christianisme. D'aucuns prétendent que la hache est mise dans la tombe parce que, dans l'autre vie, on doit continuer le métier que l'on faisait sur terre, par conséquent et d'abord se construire une hutte et des traîneaux. Ce serait dans le même but qu'ils déposent dans le tombeau d'une femme des ciseaux et des aiguilles. Anciennement, ils ajoutaient aux outils des provisions pour le voyage funèbre.

Trois jours après les funérailles, la famille se réunit à un repas commun, dont le mets principal est la viande du renne qui a traîné le corps vers la sépulture. Après le repas, ils mettent dans un sac les os du renne sacrifié et vont les enterrer près du mort, au nom duquel on a vidé plus d'un verre d'eau-de-vie ; ces libations ont un sens et un nom particulier : ils les appellent *saligavin* et célèbrent ainsi le définitif bonheur dans lequel, croient-ils, il vient d'entrer.

Au jour anniversaire de la mort, nouveau repas, nouveau sacrifice d'un renne, nouvelles libations, nouvel ensevelissement des os de la victime. Pendant plusieurs années, ils recom-

mencent en joignant parfois aux os du renne
du tabac, du lait, de l'eau-de-vie, afin que le
défunt jouisse dans son autre vie, de tout ce
qui le charmait le plus dans celle-ci.

CHAPITRE X.

PAGANISME ET CHRISTIANISME.

Ancienne religion des Lapons. — La magie et les sorciers. —
Le tambour runique. — Les mouches *ganiques*. — La conjuration du loup. — Comment on retrouve les objets volés.

Les Lapons ne sont chrétiens que depuis
deux siècles, aussi leur christianisme, malgré
les missions permanentes, est-il demeuré assez
superficiel. C'est leur religion extérieure, mais
ils ont gardé une grande tendresse pour les
vieilles croyances païennes, et nul ne pourrait
dire quelle est au juste leur religion. Il est probable que, comme bien d'autres peuples primitifs, ils ont simplement superposé la nouvelle
à l'ancienne.

Ils avaient jadis beaucoup de dieux. On les

a même divisés en quatre classes : les *Sur-Célestes*, les *Célestes*, les *Sous-Célestes* et les *Souterrains*. Peut-être cette division est-elle un peu arbitraire. Pour eux, tout était dieu, tout était animé, tout était bon ou mauvais, habité par un esprit favorable ou défavorable aux hommes.

Radien-Atzhic était une sorte de Jupiter lapon, ou plutôt un Saturne, car il n'exerçait qu'un pouvoir nominal ayant delégué sa royauté à son fils, Radien-Kiedde. C'est de ce dernier qu'émanait la création.

Les dieux des deux classes suivantes étaient autant de personnifications des forces de la nature. Au Soleil, ils offraient principalement du chanvre, en chantant :

> Resplendis sur nous, ô Soleil,
> Et nous te donnerons du chanvre.

Le tonnerre se nommait Oragalles. C'était une divinité toujours courroucée, qui demandait de perpétuelles adorations.

Les femmes avaient une divinité spéciale,

une Lucine, qui, sous le nom de *Madarakka*, présidait aux naissances ainsi que sa fille *Sarakka*.

Il y avait encore un dieu spécial qu'invoquaient les voyageurs en détresse, un autre qui

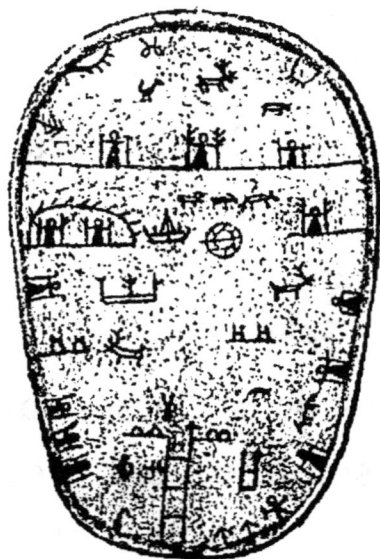

Fig. 29. — Tambour runique. (Facc.)

accompagnait les âmes dans leur voyage aux enfers, un autre enfin, qui, comme Pluton, gouvernait le royaume des ténèbres inférieures, séjour des méchants; le voisinage de Radien était, au contraire, dévolu aux hommes dont la vie avait été bonne.

La magie, qui peut être regardée comme la forme la plus grossière du culte, était en grand honneur chez les Lapons, et ses pratiques ne sont pas oubliées, tant s'en faut, à l'heure actuelle. Les sorcières de Laponie sont célèbres dans l'histoire norvégienne, et leur intervention se fit sentir jusque autour du trône : c'est à des sorcières qu'Eric dut de devenir roi au lieu de Rollo, ayant mangé un potage magique qui était destiné à son frère.

Mais le présent nous fournit assez de détails curieux sans recourir aux légendes du passé.

L'instrument de sorcellerie le plus usité est le tambour, appelé par les archéologues *tambour runique*, pour témoigner sans doute de sa haute antiquité. C'est une caisse de forme allongée, d'où pendent une quantité d'anneaux de cuivre; sur la peau, des figures et des signes sont peints. Plus ces sortes de tambours sont grands, plus grande est leur puissance, et il en est de même relativement à leur ancienneté. Un tambour authentiquement vieux, que l'on s'est transmis d'âge en âge dans la même fa-

mille, est d'une valeur inappréciable. On les
tient cachés à l'abri des regards profanes;

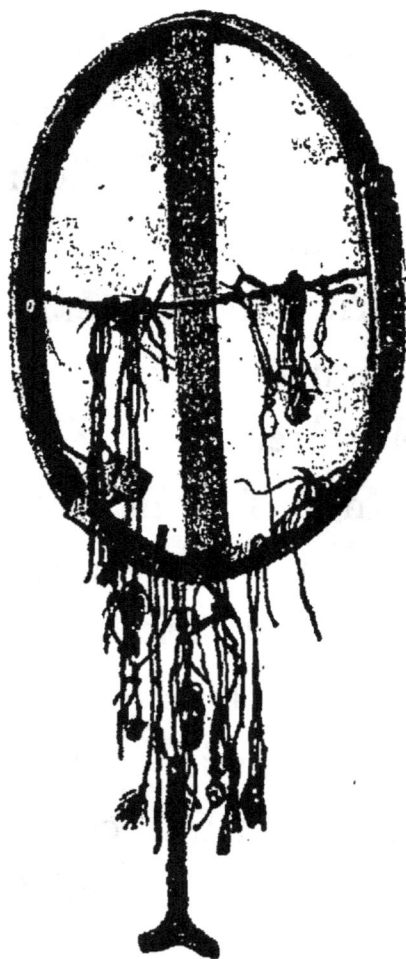

Fig. 30. — Tambour runique. (Revers.)

une femme n'oserait même s'approcher de leur
cachette et encore moins y porter la main.

Avant qu'un Lapon se mette en route pour

un voyage, il consulte son tambour. Plaçant sur la peau un anneau spécialement réservé à cet usage, il frappe dessus un petit coup sec avec un marteau, fait d'une corne de renne. L'anneau se trouve déplacé et, selon qu'il s'est arrêté sur tel ou tel des caractères peints sur la peau, le présage est bon ou mauvais. On voit comme c'est simple. Cet oracle est un objet de vénération : c'est le guide, le conseil, l'ami des grandes circonstances.

Chaque famille a son tambour, mais les sorciers ou *noaaid* disent en posséder de bien meilleurs que ceux du commun des mortels, et l'on va fréquemment les consulter. Les honoraires consistent dans le sacrifice d'un renne, dont le sorcier fait l'immolation et que l'on mange en commun : tel Lapon superstitieux en arrive ainsi à gaspiller ses troupeaux au profit d'un sorcier qui, grâce à sa crédulité, passe sa vie en bombances. C'est que le sorcier est un homme puissant et qu'il ne fait pas bon le mépriser. Il détient dans une boîte les mouches *ganiques*, insectes invisibles, mais malfaisants et qui, sur son ordre, vont tourmenter les humains.

Pendant qu'il est occupé à ses opérations magiques, le sorcier s'accompagne de la *juoige* ou chanson d'enchantement. Il en sait de particulières, adaptées à chaque circonstance, mais il y a des conjurations moins secrètes et à la portée de tous. Telle la chanson protectrice du troupeau, que l'on chante ou plutôt que l'on hurle pour effrayer les loups. Leur effet, au rapport d'un voyageur, n'a rien de surprenant, car ils font un tel vacarme, que les loups doivent nécessairement s'éloigner au plus vite.

> Va-t'en loin d'ici, loup maudit !
> Ne reste pas plus longtemps dans ce bois.
> Va-t'en d'ici, va-t'en vers les climats lointains,
> Ou bien tu périras sous les coups du chasseur.

Le loup, dit-on, ne se le fait pas dire deux fois et détale au plus vite.

Le sorcier est très employé quand il s'agit de recouvrer des effets perdus ou volés, et voici comment il s'y prend. Soupçonnant quel est le voleur et à peu près sûr d'avance de ne pas se tromper, car ces hommes ont par métier l'oreille aux aguets, il verse de l'eau dans un plat, la considère attentivement et prétend y voir la figure du coupable.

Alors il va trouver celui qu'il suppose être le larron, l'accuse du vol en lui assurant qu'il a reconnu clairement ses traits dans le plat révélateur, et le menace, s'il ne restitue pas les objets dérobés, de lancer sur lui un essaim de mouches ganiques.

La ruse manque rarement son effet. Le coupable ne dit mot, mais le lendemain les objets volés ont été clandestinement remis à leur place.

Naturellement, grâce à la vigilance des pasteurs norvégiens, toutes ces pratiques ont lieu en secret, depuis quelques années; mais il ne faudrait pas croire qu'on y a renoncé.

CHAPITRE XI.

CONTES ET FABLES.

Richesse de la Laponie en contes populaires. — *La Femme de mer.* — *La Vieille Femme et le Diable.* — Importance des contes pour la connaissance intime des peuples primitifs.

La Laponie est un pays riche en légendes, en contes de toutes sortes. On y retrouve les fées, les sirènes, quantité d'imaginations étranges ou gracieuses dont les récits, répétés à la veillée, charment les longues soirées d'hiver. Il ne faut pas croire, en effet, qu'un peuple, qui n'a ni lecture ni écriture ou qui n'en connaît que les plus grossiers éléments, soit par cela même dénué de littérature.

A côté de la littérature écrite, que des copistes jadis, et depuis quatre siècles les impri-

meurs, transmettent de génération en génération, il y a une littérature orale et traditionnelle,
non moins vaste peut-être, et dont des bribes
seulement arrivent au jour. Celui qui sent son
ignorance est plein de méfiance vis-à-vis celui
qui sait : de là, la difficulté de recueillir ces contes, dont une moisson, pourtant abondante déjà,
n'a fait qu'effleurer la surface. L'intérêt de
cette littérature populaire n'est pas à démontrer,
et au lieu de l'essayer une fois de plus par des
dissertations, nous préférons transcrire quelques-uns des récits les plus répandus parmi les
Lapons. Ils possèdent également, comme nous
le verrons, une très curieuse poésie, dont nous
donnerons des fragments.

Les contes qui vont suivre sont empruntés
à un intéressant volume : *Un Touriste en Laponie.* Comme le voyageur les a recueillis lui-
même, leur authenticité n'est pas douteuse.
Dans *la Femme de mer*, on reconnaît facilement la classique et immortelle sirène.

La Femme de mer.

Un jeune garçon qui était en voyage arriva, un jour, à un *fiord* (petit golfe), dont le rivage était du sable le plus fin qu'on puisse voir, en même temps que l'eau de mer était admirablement belle et claire.

Le jeune garçon s'assit à l'ombre d'un rocher, tira son sac de provisions et se mit à manger.

Tout à coup apparurent, sortant de la mer, trois jeunes filles, qui montèrent jusque sur l'herbe, ôtèrent leurs manteaux et allèrent se baigner. Elles jouèrent un moment dans l'eau, se revêtirent et disparurent.

Le lendemain, le garçon retourna à la même place, et tout se passa comme la veille.

Le troisième jour, il revint encore, mais tandis que les trois jeunes filles étaient dans l'eau, il rampa vers leurs habits, prit ceux de la plus belle et les cacha.

Lorsqu'elles eurent fini de se baigner, deux

d'entre elles se revêtirent et disparurent; mais la troisième, ne voyant pas ses habits, dit au garçon :

« Tu m'as pris mes habits, rends-les moi, et je te ferai avoir tout ce que tu voudras.

— Je ne veux rien qu'une chose, » répondit le garçon, « c'est que tu deviennes ma femme. A cette condition, je te rendrai tes habits. »

Elle commença par dire que c'était impossible, mais le garçon insista si bien qu'après avoir beaucoup pleuré, elle finit par promettre.

Lorsqu'ils furent d'accord, ils allèrent ensemble auprès des parents du garçon: la fille fut baptisée, on lui donna un nom chrétien, puis ils se marièrent, vécurent heureux et eurent un fils.

Lorsque ce fils fut assez grand pour pouvoir marcher, il entra un jour dans la cabane à côté de la maison; là, se trouvait un coffre qu'il ouvrit et dans lequel il aperçut de beaux habits, qu'il n'avait jamais vus.

Le lendemain, pendant que le père était à la chasse, l'enfant raconta à sa mère ce qu'il avait trouvé dans le coffre; celle-ci alla voir et reconnut que c'était les habits qu'elle avait portés autrefois lorsqu'elle était sortie de la mer. Alors elle les mit, retourna à la mer et disparut.

A son retour, le père ne voyant plus sa femme, demanda à l'enfant ce qu'elle était devenue.

« Ma mère est entrée dans la mer, » dit l'enfant.

Alors, le père comprit qu'elle avait retrouvé ses vieux habits de *femme de mer*, qu'il avait cachés autrefois, et qu'elle était retournée d'où elle était venue.

Il en fut bien triste et alla demander conseil à une bonne fée.

« As-tu des enfants?

— Oui, un seul.

— Eh bien, » dit la fée, « ne sois pas inquiet. Ta femme reviendra dans la maison trois fois; mais si tu ne peux pas la faire rester la troisième fois, elle n'y rentrera plus jamais. »

En effet, elle revint le soir même. Le mari fit semblant de dormir, elle s'approcha de l'enfant, le caressa et s'en alla. Le lendemain, elle revint, et tout se passa de même.

Mais, la troisième nuit, le mari arrangea son lit pour qu'on crût qu'il y était couché, puis il se cacha. Lorsque sa femme entra, il la saisit par la taille, lui parla tout bas et l'entraîna vers le lit, où elle s'endormit immédiatement.

L'homme prit alors les habits de la *femme de mer* et les porta à la bonne fée, qui les brûla; après quoi, il revint près de sa femme.

Depuis ce temps, ils vécurent heureux ensemble. Tout leur réussit toujours, et les parents de la femme, qui étaient riches, comme tous les gens « de la mer », lui apportaient du fond de la mer, mais sans se laisser jamais apercevoir, tout ce dont ils avaient besoin, tout ce qu'ils désiraient.

Voici un autre conte plus court :

La Vieille Femme et le Diable.

Il y avait une fois un homme qui avait une femme tellement méchante, que le diable lui-même n'en pouvait rien faire.

Un jour, elle et son mari se trouvaient dans un marais à cueillir des *multers* ; dans le marais, il y avait un trou profond autour duquel se trouvaient les plus belles *multers*. Pendant que la femme ramassait les baies autour du trou, l'homme lui donna un coup à la tête, qui la fit tomber dans le trou, au fond duquel elle disparut.

Bientôt, cependant, l'homme s'ennuya d'être seul, et il regretta ce qu'il avait fait, désirant que sa femme revînt près de lui.

Alors il se mit à tordre des branches d'osier, et il en tordit ainsi pendant trois ans. Quand il lui sembla qu'il en avait assez, il les lia ensemble. Au bout de cette longue corde, il attacha une grosse pierre, qu'il fit descendre dans le trou avec la corde. Elle descendit et descendit pendant plusieurs jours. Enfin, la pierre cessa de descendre. C'était bien lourd; mais il tirait, et ne se lassait pas.

A la fin, la pierre arriva, et qu'est-ce qui vint avec la pierre? ce fut le diable lui-même, qui lui dit :

« Merci, mon homme, de m'avoir sauvé de cette méchante femme, si méchante que moi-même je ne pouvais vivre avec elle. Pour te récompenser du service que tu m'as rendu, je te dirai quelque chose : je vais aller à une foire, j'irai chez un marchand, j'entrerai dans son corps et je le tourmenterai. Alors, toi tu viendras et tu diras : « C'est le diable qui est dans cet homme; si vous voulez me donner deux cents écus, je le ferai partir, et quand on t'aura payé, je sortirai. »

Ils firent ainsi, et l'homme obtint deux cents écus d'un marchand, trois cents d'un autre et cinq cents d'un troisième.

« Es-tu content du paiement? » demanda le diable.

— Oui, certes.

— Bien. Maintenant que tu n'as plus rien à faire ici, tu peux t'en retourner. »

L'homme, qui désirait faire rentrer le diable dans son trou, courut à une forteresse qui était près de là et demanda qu'on tirât tous les canons l'un après l'autre. Après quoi, il alla retrouver le diable.

« N'entends-tu pas ce terrible bruit? » lui dit-il. « C'est la méchante femme qui est sortie du trou et qui vient te chercher. »

Le diable eut si peur, qu'il partit bien vite et redescendit dans le trou où il est encore.

Ce petit récit est plutôt une fable qu'un conte, mais il faut reconnaître que la morale en est obscure. Peut-être cela veut-il dire que dans les événements de ce monde, le dernier mot appartient au plus fin et que la ruse vient à bout même d'êtres aussi puissants que le diable?

Nous voudrions transcrire encore un troisième conte assez remarquable, en cela qu'il se rapproche plus que les autres des contes européens. Il contient même des traits familiers à ceux qui connaissent la littérature populaire. Son origine laponne est pourtant incontestable, et d'ailleurs il est plein de détails qui se rapportent bien à ce pays et à son climat, comme par exemple, la forêt de pins et de moustiques. Au reste, il est rempli de fantastique, et l'un des plus amusants qu'on puisse lire en ce genre.

Seulement, comme il est un peu long et qu'il serait dommage de l'abréger, nous en avons fait l'un des chapitres de ce petit livre, et ce ne sera pas le moins intéressant ni le moins vrai, car en somme rien ne raconte mieux un peuple que ses traditions, ses croyances, ses légendes.

CHAPITRE XII.

CONTES ET FABLES.

(Suite.)

Le géant et le jeune garçon.

Il y avait une fois un jeune gars qu'un géant engagea comme domestique; il l'amena dans sa maison et lui dit qu'il ne devait jamais entrer ni dans l'écurie, ni dans l'étable.

Pendant que le géant était occupé, vite le garçon se hâta d'entrer dans l'écurie, où il trouva un cheval.

Le cheval demanda au garçon :

« Sais-tu quel travail tu auras demain?

— Non.

— Le géant voudra, comme il le fait d'habitude, mesurer sa force contre la tienne. »

Et le cheval expliqua au garçon comment il devait s'y prendre.

Le lendemain, en effet, le géant dit au gar-çon :

« Allons dans la forêt de pins. »

Le garçon partit avec lui; alors, le géant lui dit :

« Heurtons chacun notre tête contre un tronc de pin, et nous verrons ainsi qui de nous aura la tête la plus forte. »

Et alors chacun se jeta, la tête en avant, contre un pin. Le garçon entra la tête dans l'arbre jusqu'aux oreilles, car il avait été assez rusé pour faire d'avance dans le tronc un trou qu'il avait recouvert d'écorce.

« Ah! comme tu es fort! » dit le géant. « Continuons. Maintenant, voyons qui de nous deux lancera ce gros marteau le plus haut. »

Le géant prit le marteau et le lança si haut qu'il ne paraissait pas plus gros qu'un mous-tique.

Quand ce fut le tour du garçon, il prit le marteau par le manche, mais il était si lourd qu'à peine pouvait-il le soulever. Alors, il dit, regardant le ciel et tenant toujours le marteau par le manche :

« Je regarde dans quel nuage je vais le lancer.

— Ah! mon cher garçon, » dit le géant, « je t'en prie, ne le jette pas : c'est un héritage de mon père et j'y tiens. Assez pour aujourd'hui; rentrons à la maison. »

De retour au logis, ils se mirent à manger, puis le géant s'endormit. Alors le garçon courut à l'écurie, chez le cheval.

« Va maintenant dans l'étable, » dit le cheval, « tue la vache et coupe son cœur en morceaux, car la vie du géant est cachée dans le cœur de la vache. »

Le garçon entra immédiatement dans l'étable tua la vache et lui coupa le cœur en tout petits morceaux; ensuite, il revint à l'écurie.

« A présent, » reprit le cheval, « rentre à

la maison, prends le fusil du géant, son épée, un bâton de soufre, un silex et un peigne, et alors, tu reviendras ici, tu me détacheras et nous partirons ensemble. »

Le garçon fit ce que lui avait commandé le cheval et entra dans la maison. Il vit le géant étendu par terre au milieu de la chambre. Il était mort au moment où le garçon avait haché le cœur de la vache en petits morceaux. Il prit tout ce que le cheval lui avait dit, revint détacher son compagnon, se mit sur son dos et partit.

Après que le garçon eut voyagé toute une journée, le géant commença à revenir à la vie, et voyant que le garçon et le cheval avaient disparu, il se mit à leur poursuite.

Le cheval demanda au garçon :

« Entends-tu ou vois-tu quelque chose?

— Oui, » dit le garçon, « j'entends comme du vent.

— C'est le géant qui est à notre poursuite. Jette le bâton de soufre derrière toi et fais le vœu qu'il se transforme en lac. Le géant ne pourra ni le traverser, ni en faire le tour. »

Lorsque le géant arriva devant le lac, il se dit : « Ah! si j'avais ma *puisette*, je boirais ce lac comme rien. » Et il s'en retourna chez lui pour la chercher. Lorsqu'il revint, il but le lac, et dit alors à sa puisette : « Reste ici jusqu'à ce que je revienne. »

Mais au même moment survint un petit oiseau, qui lui dit :

« Si tu laisses ta puisette ici, je la casserai avec mon bec.

— Mon petit oiseau, » dit le géant, « si je pouvais t'attraper, je te couperais la tête, mais je vais emporter ma puisette. »

Un peu plus tard, le cheval demanda au garçon :

« Entends-tu ou vois-tu quelque chose?

— J'entends, » dit le garçon, « comme une tempête sous le ciel.

— C'est le géant qui nous poursuit. Jette le silex derrière toi et fais le vœu qu'il se transforme en une montagne. »

Quand le géant arriva à la montagne, il se

dit : « Oh! si j'avais ma vrille, ce ne serait rien pour moi de faire un trou à cette montagne. » Et il s'en retourna chez lui pour chercher sa vrille.

Lorsqu'il revint, il fit dans la montagne un trou assez grand pour y passer. Puis il dit à sa vrille : « Reste ici jusqu'à mon retour.

Mais au même moment survint un moineau.

« Si tu laisses ta vrille, je l'emporterai.

— Plutôt que de la perdre, » dit le géant, « je vais la garder avec moi. »

Le cheval demanda encore une fois au garçon :

« Entends-tu ou vois-tu quelque chose?

— J'entends comme une terrible tempête sous le ciel.

— C'est le géant qui nous poursuit; il est furieux. Jette ton peigne derrière toi, en faisant le vœu qu'il devienne une immense forêt. »

Lorsque le géant arriva à la forêt, il se dit : « Ah! si j'avais ma hache! » Et il s'en retourna chercher sa hache. L'ayant apportée, il coupa une tranchée assez large pour passer. Puis il

Fig. 31. — Le géant tomba en arrière dans le précipice.

dit à sa hache : « Reste ici jusqu'à mon retour. »

Mais survint encore un oiseau :

« Si tu laisses ta hache ici, je l'emporterai.

— J'aime mieux l'emporter moi-même. »

A ce moment, le cheval et le garçon avaient une grande avance. Devant eux, se trouvait, sur le chemin, un profond et large abîme, par-dessus lequel était jeté un tronc d'arbre.

« Si nous pouvons y arriver avant lui, » dit le cheval, « nous serons sauvés. »

Lorsqu'ils arrivèrent à l'abîme, le géant fit de tels efforts pour les rattraper qu'il se brisa un bras contre un arbre, mais il continua de courir.

Le cheval sauta sur le tronc d'arbre, mais le géant qui arrivait saisit le cheval par la queue, en criant : « Ah! si j'avais mes deux mains, comme je t'arrêterais! »

A ces mots, la queue se cassa. Le géant tomba en arrière dans le précipice, fut déchiré par les rochers, et mourut à l'instant.

Le jeune garçon et le cheval étaient sauvés de ce danger.

Alors le cheval dit : « Maintenant, nous allons arriver à une forêt dont tous les arbres sont en or; tu dois me promettre de ne pas casser la moindre branche, car si tu en cassais une seule, nous serions aussitôt en très grand danger. »

Le garçon promit, mais en passant près du dernier arbre, il cassa une toute petite branche. Immédiatement, accourut le géant, à qui appartenait la forêt; il portait une armure d'or et un casque d'or.

« Qui est-ce qui passe par ma forêt, et casse des branches à mes arbres? » cria-t-il d'une voix si forte, que le garçon en tressauta, tout en répondant :

— Que nous veux-tu?

— Tu vas le voir. »

Et au même moment, le géant se jeta sur le cheval. Mais celui-ci lui donna de tels coups de pied, lui envoya de si terribles ruades, que le géant roula par terre. Alors le garçon prit

son armure et son casque d'or, et ils continuè-
rent leur route.

Ils arrivèrent à la maison du roi.

« Laisse-moi ici, » dit le cheval, « et toi
entre dans la maison du roi, mais ne m'oublie
pas! »

Le garçon promit et entra.

« Bonjour, sire, » dit-il au roi, en entrant.

— Dieu te le rende! » répondit le roi.

Pendant ce temps, le garçon gardait son bonnet sur sa tête. Le roi lui demanda pourquoi.

« C'est parce que j'ai des croûtes sur la tête, »
dit le garçon, qui ne voulait pas faire voir son
casque d'or.

Le roi lui permit de conserver son bonnet.

La journée se passa bien.

Le lendemain, le roi fit couper du bois par
le garçon. Pendant qu'il coupait le bois, les
trois filles du roi, dont la plus jeune était la plus
belle, se mirent à la fenêtre et le regardèrent.
Tout à coup il eut besoin de se gratter la tête
et souleva un peu son bonnet, et la plus jeune
aperçut son casque d'or.

Se tournant vers ses sœurs, elle leur dit :

« Je voudrais bien savoir si notre père n'a pas l'intention de nous choisir bientôt des fiancés.

— C'est votre affaire, dit le roi qui avait entendu.

— S'il en est ainsi, je prends le garçon qui est arrivé hier.

— Que veux-tu faire de ce garçon avec sa tête couverte de croûtes?

— Oh! il est assez bon pour moi.

— Fais comme tu voudras. »

Les deux autres sœurs choisirent de riches seigneurs.

Le lendemain, le roi envoya ses trois futurs gendres à la chasse. Aux deux beaux seigneurs il prêta deux bons fusils, tandis qu'au garçon il ne prêta qu'un vieux fusil rouillé, dont il ne pouvait plus se servir. Tous trois allèrent dans la forêt, mais en passant près du cheval, le garçon prit le fusil du géant qu'il avait emporté.

Il tua deux douzaines de perdrix blanches,

et les seigneurs n'en tuèrent pas une seule. En revenant, se voyant les mains vides, ils voulurent lui acheter de sa chasse. Le garçon n'y consentit qu'avec peine et demanda en échange aux seigneurs les magnifiques cadeaux qu'ils avaient reçus de leurs fiancées. Alors il leur donna à chacun une douzaine de perdrix.

Les seigneurs s'en revinrent satisfaits de leur chasse. Le garçon, qui n'avait plus rien, tua un hibou et l'emporta avec lui.

« Que veux-tu faire de ce garçon maladroit, qui n'a tué qu'un hibou? » demanda le roi à sa fille.

La princesse répondit comme la première fois :

« Il est bien assez bon pour moi. »

Alors le cheval hennit une fois, sans que le garçon entendît, puis une seconde fois, puis une troisième; cette fois, le garçon alla trouver le cheval.

« Coupe-moi la tête, dit le cheval.

— Te couper la tête, à toi qui m'as rendu tant de services!

— Coupe-moi la tête, te dis-je. »

Le garçon hésitait encore.

« Coupe-moi la tête, » reprit le cheval, « ou bien c'est moi qui te couperai la tienne avec mes dents. »

Cette fois, le garçon obéit et, prenant l'épée du géant, trancha d'un seul coup la tête du cheval.

Immédiatement, l'animal devint un beau jeune prince, qui était précisément le fils du roi, enlevé par le géant.

Alors le garçon mit son armure d'or et son casque d'or, et tous deux entrèrent ensemble dans la maison du roi. Ce fut pour tout le monde une grande joie, et le même jour les noces commencèrent.

FIN.

TABLE DES CHAPITRES.

www.ingramcontent.com/pod-product-compliance
Lightning Source LLC
Chambersburg PA
CBHW071227290326
41931CB00037B/2294